高情商说话

[实战篇]

王光宗◎著

人民日报出版社

图书在版编目（CIP）数据

高情商说话. 实战篇 / 王光宗著. — 北京：人民日报出版社，2018.10
ISBN 978-7-5115-5692-9

Ⅰ.①高… Ⅱ.①王… Ⅲ.①语言艺术 Ⅳ.①H019

中国版本图书馆CIP数据核字(2018)第233230号

书　　名：	高情商说话. 实战篇
著　　者：	王光宗

出 版 人：	董　伟
责任编辑：	袁兆英
封面设计：	邢海燕

出版发行：	人民日报出版社
社　　址：	北京金台西路2号
邮政编码：	100733
发行热线：	（010）65369527　65369846　65369509　65369510
邮购热线：	（010）65369530　65363527
编辑热线：	（010）65369533
网　　址：	www.peopledailypress.com
经　　销：	新华书店
印　　刷：	北京紫瑞利印刷有限公司

开　　本：	880mm×1230mm　1/32
字　　数：	183千字
印　　张：	9.5
印　　次：	2018年12月第1版　2018年12月第1次印刷

书　　号：	ISBN 978-7-5115-5692-9
定　　价：	45.00元

前　言

什么是高情商说话？

所谓高情商说话，就是在人际交往过程中，能够把握说话的场合和时机，熟练掌握并运用语言措辞的技巧，让我们在众人之中迅速脱颖而出。

说话有技巧，也有公式，你学会、记住这些技巧和公式就可以直接运用到生活里。这些技巧、公式可以让你的口才在最短的时间内得到最大程度的提升！

是的，我们就是这么自信！近20年的研究过程，向近千人请教的心得经验，是我们最好的背书。

我在上小学二年级以前，说话还是可以的。二年级时，由于调皮，我跟别人学会了口吃，从此便饱受口吃的折磨和困扰。正所谓，不受其害，难知其恶。初一时，我立志要改掉口吃，写下了血书"不改口吃，誓不为人"，从此开始了对口吃的研究。经过近10年的研究，我终于成功改掉了自己的口吃，并在全国举办口吃公益讲座。对此，中央电视台、山东教育电视台、半岛都市报、齐鲁晚报等100多家主流媒体都做过报道。从这些讲座中获得的经验和技巧，对于后期高情商说话技巧的形成有重大作用。

俗话说，最缺什么就最关注什么。在口吃期间，我最关注的就

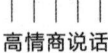

是身边口才好的人。梦想着有一天，我能比这些人的口才还要好。因此，我会记录下这些口才好的人说的很多话，然后抽时间自己琢磨，为什么他要这么去说，以及这么说还有什么不足。这些笔记对于高情商说话技巧的形成有重大作用。

大学以及研究生阶段，我学习的一直是语言学，这些理论的学习对于高情商说话技巧的形成也有很大作用。

为了让口才技巧更加落地实用，我还不计成本（路费以及伴手礼等）向近1000位生活中被公认为口才好的人请教他们的好口才经验。

此外，我始终坚持的一个信念，对于高情商说话技巧的形成，也有重大作用。我认为：

万事万物都有它本身的规律，只要我们了解掌握这些规律并加以运用，我们就能够做到事半功倍、十倍、百倍乃至更多。好口才也有它自身的规律，并且蕴含着丰富的人生哲学，只要我们掌握并熟练使用这些规律，我们就能够出口成章、字字珠玑！

高情商说话技巧主要包含三大核心板块：日常沟通的技巧、公众演讲和即兴讲话的技巧、社交礼仪的技巧。

高情商说话的技巧有趣且落地实用，保证让你一看就懂，一学就会，帮助你轻松拥有好口才！

本书主要讲的是高情商说话技巧的第一板块：日常沟通的技巧！

人生在世有捷径，口才套路必须听。

万事万物有其律，一草一木皆是景。

王光宗

2018年8月

目 录

上部：日常沟通

一 巧用说话公式，不同场合张口就来 ……………………… 002
拿来就能用的聊天公式 ……………………………… 002
即兴发言的聊天公式 ………………………………… 005
快速和别人聊到一起的 16 字口诀 …………………… 016
谈话中主导话题的六大秘诀 ………………………… 026

二 好口才，把危机都变成魅力释放 …………………………… 040
制造幽默的五线三点法 ……………………………… 040
应对别人故意刁难的秘诀 …………………………… 058
巧妙化解尴尬的技巧 ………………………………… 071
批评人也不伤和气的技巧 …………………………… 079

三 别让不好意思变成你的绊脚石 …………………………… 092
委婉拒绝别人的三种公式 …………………………… 092
委婉催促别人的技巧 ………………………………… 101
巧妙提问的关键技巧 ………………………………… 113
委婉说话的十种方法 ………………………………… 120

四 这么说，才能瞬间打动别人 …………………… 130
九种安慰别人的方法 …………………………… 130
这么巧妙赞美别人才开心 ……………………… 141
巧妙回复别人夸赞的妙招 ……………………… 152

下部：综合应用

五 好口才让谈判占尽主导权 …………………… 162
高效谈判的说话技巧 …………………………… 162
价格谈判的方法策略 …………………………… 173

六 恰到好处的酒桌说话魅力 …………………… 182
酒桌上这么聊天别人才高兴 …………………… 182
酒桌上这么喝酒气氛才好 ……………………… 192

七 家人间的和谐相处之道 ……………………… 209
这么与婆婆相处才没矛盾 ……………………… 209
夫妻和谐相处要这么做 ………………………… 229

八 想干好工作，先学会职场话语 ……………… 254
与同事相处必须做到这几点 …………………… 254
向领导汇报工作需要注意的问题 ……………… 279

上部：日常沟通

一 巧用说话公式,不同场合张口就来

拿来就能用的聊天公式

我们在和别人交谈时经常会遇到以下情况:

不知道如何把控整个谈话的过程,不知道谈话分为哪几个阶段,不知道应该在什么阶段说什么话。

但是,如果你能熟练使用聊天的整体框架,就可以轻松避免以上问题,还会让自己的人际关系更加融洽。

聊天整体框架公式:称呼+铺垫+内容+祝福+结尾。

这个是最完整的框架公式,包含五个板块内容:称呼、铺垫、内容、祝福、结尾。当然我们也可以根据实际情况,只用其中的几个部分。

例如:

当年,我陪妻子去医院,确定已经怀孕后,并没有对外公布消息。第二天早上,奶奶给我妻子打来了电话:"婷婷(我妻子的乳名),你吃饭了没有?今天上班了没有?最近感觉累不累啊?昨天晚上我做梦,梦见你怀孕了。"妻子告诉奶奶:"我昨天去医院检查,真的怀孕了。"

奶奶知道后就说了一些怀孕期间的注意事项,比如前三个月要小心。此外，还说："你想吃什么了就告诉奶奶，我给你做。"最后互道再见，挂掉电话！

例子中，"婷婷"是称呼板块；"你吃饭了没有？今天上班了没有？感觉累不累呀"是铺垫板块；"昨天晚上我做梦，梦见你怀孕了"是内容板块；怀孕注意事项以及"你想吃什么了就告诉奶奶，我给你做"是祝福板块；最后的再见是结尾板块。

有朋友问过我："在商场里碰到近10年没见的同学，完全没有准备，又逃不开，应该怎样做才能表现得有魅力呢？"

估计很多朋友都有过类似的尴尬遭遇。其实解决这个问题并不是很难。双方都在商场里，必然都有事情，所以没必要深聊。我们要想让自己说话有魅力，就必须使用聊天的整体框架公式：称呼＋铺垫＋内容＋祝福＋结尾。

首先是称呼板块，如果你还记得对方的姓名，那么可以直接叫对方的名字。如果不记得，那就直接用"老同学"来代替名字。千万不要说"你叫什么""我忘记你的名字了"，这样会很伤人的。

然后是铺垫板块，铺垫的使用方法共有三种：

1. 问候式。你几岁了？你最近身体怎么样？你最近工作忙吗？等等。问候式主要使用在关系比较熟的人之间。

2. 言他式。比如，天气怎么样？环境怎么样？

3. 触景生情式。触景生情主要有三个节点：已经做、正在做、将要做。"下班了？"这是已经做的。"洗衣服呢？"这是正在做的。"去送孩子上学？"这是将要做的。

老同学很久不见，使用问候式会显得不协调。当时的环境也不适合使用言他式。最适合的就是使用触景生情式的铺垫方式：已经做、正在做、将要做。我们可以这么说："你东西买完了？""你要买什么东西啊？"

下一步是内容板块。老同学好久不见了，必然要了解下对方的近况。哪怕你不想了解对方，也要这么去做，至少要让对方感觉你很热情。我们可以问："你现在做什么工作呢？和咱们班哪些同学还有联系呀？"

再下一步就是祝福板块，表示双方常联系，然后留个联系方式。

最后，结尾板块：分别、再见。

我们前面讲到的都是最完整的聊天整体框架公式。很多时候我们不需要每个部分都使用。

例如：

领导安排下属去做某个工作，通常不会用完整的聊天公式，而是直接吩咐说："小李，你过来一下。下午2点去火车站接一下张总，路上注意安全。你先出去吧。"

其中，"小李"是称呼板块；"下午2点去火车站接一下张总"是内容板块；"路上注意安全"是祝福板块；"你先出去吧"是结尾板块。

也可以直接是称呼板块，然后是内容板块，其余的什么都没有。比如，小李，下午2点去火车站接下张总。我们往往忽略掉祝福板块的使用，如果我们能在说话时使用好祝福板块，会起到很好的作用。

即兴发言的聊天公式

即兴发言,是指临场因时、因事、因人、因景、因情等而发的一种语言表达方式。即兴讲话本来是没有公式的。但是,我曾经说过,万事万物都有它本身的规律,只要用心去总结,即兴发言的公式还是有很多的。

学习完这些公式之后,你就会发现,即兴发言其实非常简单!

我们先看两个例子。

例一:

2016年9月,我参加了一个朋友的婚礼。在婚宴中,我还获得了一等奖:三盒中华(牙膏)。当时,司仪为了活跃现场气氛,随机找参加婚宴的人给新人送祝福。我非常幸运地被司仪挑中了。对于很多人来说,让自己毫无准备地发言太难了,但我感觉很简单,因为我掌握着即兴发言的口才技巧。在我说完话之后,很多人都以为我是司仪找的托。其实,我只是使用了即兴发言的口才技巧而已。

我当时是这么说的:"尊敬的各位领导,各位来宾,各位朋友,大家中午好。首先,感谢这位帅气的司仪能够把这么一个难得的机会交给我。再一个,我要感谢这对幸福的新人,能够邀请我来见证他们幸福甜蜜的时刻。我和新郎5年之前就认识了。当时我是新郎的创业指导老师。我们第一次见面就在我的办公室,聊了整整一个下午。聊天时,我就感觉这个青年不简单,有想法,有能力,敢作为。同时我们也聊到了婚姻。接下来，我要给大家爆个猛料，是关于新郎当时的择偶标准的，你们想知道吗？"

当时大家就开始起哄了，都说想。我做梗看着大家一起鼓掌。我然后说："既然那么想那为什么没有事声呢？"然后大家一起鼓掌。我说："当时那郎说：'我未来的妻子，要沉鱼落雁，闭月羞花，能上得厅堂，下得厨房，并且还要温柔善良。'说实话，我听完后，在心里想，这个青年各方面都很好，就是在感情上太天真了。哪有这么完美的对象，即使有，能遇到并且走到一起的概率简直可以说是没有。

但是，我因此也有一句话：'只要心中有目标，充满爱，坚持努力不懈怠。即使浩茫人海，也总能寻得真爱。'

说完这些后，我一停顿，又是一片掌声。最后我又说："最后，我视愿这对新人能够新婚快乐，百年好合，早生贵子。同时，祝在座的各位来宾及家人，都能够身体健康，工作顺利，心想事成，万事如意！"

我说完后，又是掌声一片。

例二：

2016年10月，我和五个朋友准备一起做个项目。当天我们聚在我的办公室讨论具体的事情，一直聊到很晚。最终聊得差不多了，我们决定去吃个大餐，庆祝一下。

由于吃晚饭的地方离我办公室很近，我们就没开车。走到半路时，突然下起了雨，而且雨下得很大，我们每个人都被雨淋湿了。吃饭时，他们让我说几句话。

我是这么说的："兄弟们，咱们在来吃饭的路上，突然下起了雨，我们每个人都被雨淋了，这属于非常好的预兆。我们都知道武王伐纣，一夜之间灭了商朝，建立了周朝。武王伐纣那天，军队正要出发时，天上下起了大雨，当时领头的将领说，这是天洗兵。意思就是天上下雨把蒙在盔甲上的灰尘洗干净了，从而可以让将士们更好地上战场杀敌。

下午我们聚在一起，把项目定得差不多了，马上要开启新项目，准备吃饭庆祝了，这时候天突然下雨了，也是天洗兵。所以，既然有了这么好的兆头，我们接下来，只要团结一心，全力奋战，勇往直前，我们的项目就一定可以旗开得胜，无往不利，走出山东，走出中国，走向世界！"

关于即兴发言，共有十二个公式，我会结合以上两个例子进行讲解。

一、称呼 + 感谢两个人 + 回忆过去 + 祝福未来

公式中的感谢，是指要感谢最主要的人，或是主人，或是组织者，或是大家都认可的人，而不是你自己认可的人。

例如：

大学同学聚会，导员也到场了。你可以这么说："首先感谢咱们导员张老师，虽然今天手头工作非常多，但是知道我们在这里聚会后，特意放下手头工作赶了过来，非常感谢。其次，感谢我们的班长，从亲自通知每一个人，一直到现场的布置以及每道菜的选定，都是班长自己完成的，非常辛苦，所以感谢咱们班长。"

这个例子中的导员是大家都认可的人，班长是组织者。

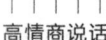

感谢板块，感谢一个人也是完全可以的。当你应邀去参加某个人组织的晚宴，其他人都不认识时，你可以这么说："我要感谢张总的邀请，能让我在这里结识这么多优秀的企业家。"

例一中就是使用的这个公式。"尊敬的各位领导，各位来宾，各位朋友，大家中午好。"这是称呼。"感谢这位帅气的司仪……幸福甜蜜的时刻。"这是感谢两个人。"我和新郎5年前就认识了……即使茫茫人海，也总能寻得真爱。"这是回忆过去。"我祝愿这对新人能够……万事如意！"这是祝福未来。

二、称呼 + 赞美 + 回忆过去 + 祝福未来

赞美包含两个方面：

（一）直接赞美。

（二）利用第三者赞美对方，就是借用别人的话来赞美对方。

假如当时司仪随机让我发言，我使用这个公式，就可以使用赞美中的直接赞美：

"尊敬的各位领导，各位来宾，各位朋友，大家中午好！"这是称呼；"我们面前这位英俊帅气的新郎，绝对是年轻人中的佼佼者，年纪轻轻，公司做的风生水起。我们面前的这位漂亮的新娘呢，绝对是万里挑一的大美女。两个人可以说是郎才女貌，非常般配。不仅如此，两个人还非常谦虚、勤奋、懂得感恩。"这是赞美；紧接着就是回忆过去和祝福未来。

三、称呼 + 故事 + 回忆过去 + 祝福未来

公式中的故事，以经典的故事为主，故事说完一定要有针对性

的感悟，而且这个感悟要合乎发言的主题。只有这样，故事这一板块才算完整。

假如当时司仪随机让我发言，我使用这个公式，可以这么说：

一开始的称呼不变，接着是故事板块的内容，我会说："我现在想起了'张敞画眉'的典故。西汉时期，身为堂堂首都'最高行政长官'的张敞，由于很爱自己的妻子，经常在家里给妻子画眉，并且传得京城里无人不知。我第一次看到这个典故时，在旁边写了八个字的感悟：眉目传情，眉目传爱。我一直在观察这对新人，从他们看对方的眼神中，我能看出他们很幸福。我相信新郎和新娘婚后肯定会更加甜蜜和恩爱。"然后就是回忆过去和祝福未来。

四、称呼 + 用前一位人说的话 + 回忆过去 + 祝福未来

用前一位人说的话的意思，就是从他们说过的话中，挑出一句有意义的话，也就是你有所感悟的一句话。

假如当时司仪随机让我发言，我使用这个公式，可以这么说：

一开始当然还是称呼，然后就是用前一位人说的话。我可以这么说："刚才一位朋友说，这对新人走到一起是缘分，我非常赞同。茫茫人海，这么多人，两个人从相识、相知、相恋，再到相爱，不是缘分又是什么呢？但是呢，今天我再给大家爆个料，让大家知道除了缘分之外，还需要做个事情。你们想知道吗？"大家肯定会说想。然后我再说："既然想为什么没有掌声呢？"想必大家都会鼓掌（这样的互动也可以活跃现场气氛）。

然后接着回忆过去和祝福未来。

五、称呼+问两个问题+回忆过去+祝福未来

公式中的问两个问题,最好是和主题相关的。如果比较难,至少要有一个和主题相关。

假如当时司仪随机让我发言,我使用这个公式,可以这么说:

一开始当然还是称呼,然后就是问两个问题,我可以这么说:"请问在场的各位,你们想不想知道,为什么新郎能够娶到这么漂亮的新娘?为什么新郎和新娘这么恩爱?"(我刚刚说过,问的问题必须和主题相关,所以我问的这两个问题,都是关于婚姻的)

问完后,可以加一个上一个公式中我提到的简单互动,把氛围调动起来。然后就开始回忆过去我和新郎怎么认识的,引出新郎的择偶标准,同时侧面肯定新娘。最后还是祝福未来。

六、称呼+名人名言+回忆过去+祝福未来

这里的名人名言,是泛指。像俗语、谚语、歇后语等,都是可以使用的。

假如当时司仪随机让我发言,我使用这个公式,可以这么说:

一开始当然还是称呼,然后就是名人名言的板块。我可以这么说:"《增广贤文》有这么一句话:百世修来同船渡,千世修来共枕眠。今天两个新人可以步入婚姻的殿堂,必然是千世修来的缘分。我们要做的就是真诚地祝福。"再接着就是回忆过去和祝福未来。

七、称呼+悬疑+回忆过去+祝福未来

悬疑就是先给大家一个意想不到的结果,让所有人都吃惊,然

后接着是合乎情理的解答。

例如：

2013年我去给济南的一家企业的讲师培训演讲，晚宴的时候，这家公司的领导让我给大家训话。我当时这么说的："尊敬的各位领导，亲爱的老师们，大家晚上好！"当我说好的时候，音调上扬，说完之后一停顿，等待大家鼓掌。等掌声停了后，我说："训话结束，谢谢！"然后当时大家有点懵。等了一会儿后，我说："训话虽然结束了，但是我们心与心之间的分享正式开始了。"

然后我就把这一天的经过回忆了下，同时也把我的个人经历提了下，最后是我的祝福，我是这么说的："首先祝我们今天的晚宴圆满成功。其次祝我们每一个讲师通过今天的学习都可以学会演讲方法，出口成章，影响更多的人。同时，祝福我们的团队能够走出中国，走向世界，造福世界。谢谢！"

"尊敬的各位领导，亲爱的老师们，大家晚上好！"这是称呼；"训话结束，谢谢！"这是悬疑；"训话虽然结束了，但是我们心与心之间的分享正式开始了。"这是对悬疑合乎情理的解答；回忆一天的经历和我的个人经历，这是回忆过去；"首先祝我们……造福世界在！"这是祝福未来。

如果祝福的内容比较多，就要按照一定的顺序，这样会有层次感，同时也有气势，可以起到震撼人心的作用。比如我们刚才讲的这个例子中首先讲了祝福学习的各位老师，然后又讲了祝福他们的团队。此外，当祝福他们的团队的时候，也是先说走出中国，再说走向世界。这些都属于由小到大的顺序。

八、称呼 + 谦虚 + 回忆过去 + 祝福未来

这里的谦虚是指自谦。

假如当时婚礼上司仪随机让我发言,我使用这个公式,可以这么说:

首先还是称呼,然后就是谦虚的板块,我会说:"由于突然被司仪叫到,没做任何准备,如果讲得不好,请大家多多担待。"再接着就是回忆过去和祝福未来。

九、称呼 + 心情 + 回忆过去 + 祝福未来

这里的心情是指说话人此时此刻的内在感觉。

假如当时婚礼上司仪随机让我发言,我使用这个公式,可以这么说:

首先还是称呼,然后就是心情板块,我会说:"说实话,我现在心情非常激动,因为今天是我最棒的学生,也是我最好的兄弟大喜的日子。"然后就是回忆过去和祝福未来。

以上这九个公式有三个注意点:

(一)这九个公式适用于任何即兴发言场合,比如聚餐、聚会等,你从其中选一个就足够了。为什么举例时都用了婚礼的场合呢?因为婚礼上的即兴发言是有难度的。这么做的目的只有一个,就是告诉大家:只要我们记住公式,一切都很简单。

(二)称呼,在正式的场合以及不太熟悉的人比较多的场合,一般都要加称呼。如果周围的人比较熟悉,是不需要加的,加上反而让人感觉不自在。

（三）以上九个公式都是最完整的。如果需要进一步精简，称呼板块可以去掉，再进一步精简，过去回忆板块可以去掉。以第九个公式为例子，同样还是婚礼现场。因为这个场合，比较正式，称呼保留。

公式就精简为：称呼+心情+祝福未来。我可以这么说：

尊敬的各位领导，各位来宾，各位朋友，大家中午好（称呼），说实话我现在心情非常激动，因为今天是我最棒的学生，也是我最好的兄弟大喜的日子（心情）。在这里，我祝愿这对新人能够新婚快乐，百年好合，早生贵子。同时祝在座的各位来宾及家人，都能够身体健康，工作顺利，心想事成，万事如意（祝福未来）！

如果再进一步精简，可以只保留祝福板块。因为这个场合，比较正式，称呼依然保留。公式就精简为：称呼+祝福未来。我可以这么说：

尊敬的各位领导，各位来宾，各位朋友，大家中午好（称呼），在这里，我祝愿这对新人能够新婚快乐，百年好合，早生贵子。同时祝在座的各位来宾及家人，都能够身体健康，工作顺利，心想事成，万事如意（祝福未来）！

十、称呼+我发现+我认为+我建议+我相信

这个公式很简单。一般的会议、正式的培训，以及正式讨论时用得比较多。

例如：

假如有一天，我组织了一场"高情商说话"读者见面会。我们随机让到场的一位朋友说下感悟。那么这位朋友完全可以使用这个公式，他可以这么说："尊敬的王老师，各位亲爱的朋友们，大家中午好（称呼）。我发现王老师讲得非常系统，非常全面，非常落地，解决了困扰我很久的疑惑。我认为这与王老师近二十年的精心研究是分不开的。我建议，大家在学习时，一定要仔细思考，做好笔记，把知识点记住，并且切实应用到我们的实际生活中。我相信，方法掌握好之后，我们的即兴发言一定可以说得很好，我们的口才最终一定会彻底蜕变。"

十一、有没有发现 + 我想是不是 / 我想可能 + 如果 + 我估计

这个公式和上一个公式是相似的。唯一的不同是，这个公式侧重于非正式场合，并且相互之间的关系稍微熟悉。

例如：

在我的"高情商说话"读者见面会上，我请到场的一位朋友说一下感悟，他套用这个公式就可以这样说："王老师讲的课非常系统，非常全面，非常落地，解决了困扰我很久的疑惑。我认为这与王老师近二十年的精心研究是分不开的。如果我们再反复的多看几遍，并且切实应用起来，我估计咱们的即兴发言一定没问题，而且咱们的口才也一定会有极大的提高。"

十二、称呼 + 借力感悟 + 祝福未来

本章节的第二个例子就是按照这个公式说的。"兄弟们"是称呼。"咱们在来吃饭的路上……这也是天洗兵。"这句话是借力感悟。"只要团结一心……走向世界！"这句话是祝福未来。

这个公式中，借力感悟板块的核心有三个切入点：借力、感悟和认真准备。

（一）借力。借力有三层意思：

1. 天气。这个一般借雨、大风和雪比较多。关于各自的经典案例，我们都可以在网上搜到，自己认真准备即可。

2. 历史事件。我们可以搜索关注微信公众号：口才套路学。关注后，我们每天早上都会收到当天的精选聊天素材。其中第一部分就是精选的历史上的今天。

例如：

朋友们（称呼），三年前的今天，奥巴马就任美国总统。我们都知道奥巴马以口才好、演讲好而出众。我们口才套路学院就是以提高我们的口才为目标（借力感悟）。我相信我们每个人认真学习完高情商说话技巧之后，一定可以像奥巴马一样，通过自己好的口才，增强自己的自身魅力，更快地实现自己的人生目标（祝福未来）！

3. 突发事件。突发事件是指突然看到的景象或者突然看到的人等。

例如：

各位（称呼），我再敬杯酒。刚才上来了这道菜，我看见雕刻了一只上山的老虎啊。有句俗话说，老虎上山，不愁吃穿（借力感悟）。借这个菜呢，祝大家身体健康，事业蒸蒸日上，虎虎生威（祝福未来）！来。我们干了！

（二）感悟。感悟就是借力之后，一定要有自己的感悟，也就是自己的所得。上一个例子中，由看到上来的菜中有只雕刻的老虎，引出了后面的俗语感悟：老虎上山，不愁吃穿。

（三）认真准备。认真准备有两层含义：

1. 自己平时多积累素材。

关于这一点，大家关注微信公众号：口才套路学，认真阅读每天为你推送的聊天素材即可。

2. 提前准备。我们以本章例一中婚礼上我的发言为例子。在去婚礼的路上,我一边开车,一边想:"假如让我发言了,我要用哪一个公式,具体该怎么去说呢?"再比如,参加聚会之前,我也会根据参加人员的不同,想象假如让我发言了,我用哪一个公式最好,以及具体怎么去说,也会事先有一个腹稿。

快速和别人聊到一起的 16 字口诀

16 字口诀:

自身铺垫,做足准备,灵活交锋,反思完善。

以上 16 字口诀,已经充分概括了本章的精髓。快速和别人聊到一起的核心公式:

自身铺垫 + 话题准备 + 灵活交锋 + 话后反思 + 执行完善。

自身铺垫、话后反思和执行完善都比较好理解,我们会简单地讲。本章会把重点放在话题准备和灵活交锋两个板块上面。

一、自身铺垫

自身铺垫共有六个方面,分别是:积极心态,学会微笑,充分自信、礼貌待人以及干净整洁,多去付出,发现兴趣,热爱运动。

(一)积极心态。请大家务必注意这一点,估计每个人都会有过这样的体会,有时心情大好,我们很轻松就和周围的人融合到了一起,而有时碰到令自己忧虑的事情,我们心情非常不好,连说话的欲望都没有,更不用说去和别人聊到一起了。

因此在这里,我送大家一句话:"人无远虑,必有近忧。"人只要活在这个世界上,神经系统还正常运转,我们想上进,想积极进取,必然会遇到各种各样的生活和工作上的问题。那具体应该怎么做,才能让自己拥有积极心态呢?

我给大家提供三个技巧,不做详细的解释:

1. 比上不足,比下有余,预测最坏结果,知足感恩。

2. 从明天起改掉自己的作息习惯,早起早睡,尽可能让自己每天早上做适量运动。大家不要轻视这个环节,只要坚持下去,威力还是很大的。

3. 每天早上,在空气流通的地方,比如院子里或阳台上,做几个比例呼吸。先用鼻子吸气,然后憋气,最后只用嘴吐气。此外,吸气、憋气、吐气的时长比例是 1:4:2,意思是如果吸气用了 1 秒,那么憋气需要用 4 秒,而吐气用 2 秒。这个呼吸做 10 个就足够了。

(二)学会微笑。不得不说,微笑的人在聊天时很容易和周围的人打成一片。如果你不会微笑,就需要每天练习了。

大家都知道国内最普遍练习微笑的方法,是把筷子含在嘴里,并且露出八颗牙齿。其实这么做有局限性,我们需要始终用到筷子。由于现在的筷子大多数是一个头大一个头小,这样就会很容易使我们的嘴变歪。

下面,我教大家一个我自创的三步微笑法,非常简单并且容易操作。

1. 嘴唇自然闭合,不要刻意,不要用力,自然就可以了;

2. 嘴唇微张;

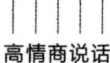

3. 嘴角上扬。

练习时我们可以找个镜子对着练习，摆出一个你自己认为最有魅力的微笑姿势即可。保持微笑姿势不变，坚持2分钟，然后放松嘴部。然后我们再按照三步微笑动作，摆出微笑姿势，再坚持3分钟就可以了。坚持每天练习，你将会拥有超级迷人的微笑。补充一点，第二步嘴唇张开的大小决定了你第三步微笑的大小。

（三）充分自信、礼貌待人以及干净整洁。此处先不讲，在后面的章节中会有详细的讲解。

（四）多去付出。多去付出有两个实用点：

1. 交谈前给对方或大家带一点小礼物，比如水果或者小的纪念品。但是这样成本会很高，所以慎用。

2. 平常尽可能主动帮助大家做一些小事。主动和被动还是有很大的区别的。如果我们经常被要求帮助别人，我们就需要让对方知道，我们帮助对方不是天经地义。详细的内容，我们在后期与同事相处的公式中会讲到。

（五）发现兴趣。这一点很关键，如果你现在的兴趣除了赚钱还是赚钱，那么建议你从现在开始给自己找一个兴趣爱好。当你有了兴趣爱好后，你也就有了标签，和别人的话题自然也就多了，也容易和别人聊到一起。此外，通过兴趣，你会积累很多的谈话点和素材，为其他的谈话做好铺垫。

（六）热爱运动。这个运动必须是多人运动，也就是很多人一起参与的运动。这一点很关键，大家一定要注意。我们周围凡是热爱运动的人，往往都比较容易和周围的人相处。生命在于运动，运动意味着朝气和热情。我们每个人，出于本能，也都需要身边有这样的人来带动自己。此外，我们通过运动也会积累很多的谈话点和素材，可以为其他的谈话做好铺垫。

二、话题准备

话题准备，是指准备好和对方聊天时可能会谈到的话题。这一板块非常关键，因为凡事预则立，不预则废。什么意思呢？任何事情，事前做足准备就可以成功。没有准备，很有可能会失败。我们要想和他人快速地聊到一起，必须要做好这一个板块。

话题准备有两个切入点：候补亮点、共同话题。

（一）候补亮点。我们可以依据当时的谈话，把这一环节加入到里面，从而可以进一步增强自身的吸引力，为后面更好的聊天和交谈做好铺垫。

那么具体怎么去准备呢？分为四个方面：

1.搜索历史上的今天。我们可以搜索关注微信公众号：口才套路学。关注后，我们每天早上都会收到当天的精选聊天素材。其中第一部分就是精选的历史上的今天。我们可以挑几个可能会在谈话中使用到的进行重点背诵。

例如：

1995年11月6日，王选获联合国教科文组织科学奖。王选教授主持研制和开发的中文计算机照排系统引起了中国报业和出版业的一场技术革命。

1860年11月6日，亚伯拉罕·林肯当选为第十六届美国总统，他是第一位共和党总统。

这些都可以拿来放在自己的谈话里，与今天做个对比。

2. 准备和你们聊天当天的天气相匹配的经典故事或笑话。这个准备好之后，我们不用再像第一个方面似的，需要每天都搜索。但是有个注意事项，就是最好不要对同样的人说同样的故事或笑话。关于这一方面的使用，我在第一章中曾提到过因为下雨被淋，我使用了天洗兵的例子。

3. 准备和你们聊天当天的交通情况相匹配的经典故事或笑话。这一个和第二个方面类似，不再赘述。

4. 准备和你们聊天当天的谈话载体形式相匹配的经典故事或笑话。比如你们想要聚餐，那你需要准备吃饭相关的故事或笑话。和吃饭有关的笑话，这个比较好理解，不再详细讲解。我重点讲下与吃饭有关的故事。

这里的故事主包含两个部分：

（1）吃饭地方的故事。饭店的发展历史、装修、厨师等。

（2）菜品的故事。

例如：

这次吃饭点了宫保鸡丁，你可以把清朝山东巡抚、四川总督丁宝桢如何改良酱爆鸡丁，以及如何被追封为太子太保的典故说一下。由于太子太保是"宫保"之一，于是，为了纪念丁宝桢，他发明改良的这道菜由此得名"宫保鸡丁"。如果有的菜品没有典故，你至少知道这道菜的基本发展历史、经典做法、营养价值以及注意事项等。

强调一点，候补亮点的作用在于，你们谈话刚好谈到了相关话题时，你再去使用。我们最好不要单纯为了在谈话中使用这些亮点而去使用，这点希望大家一定要谨记。

（二）共同话题。共同话题是指在正式的谈话还没有开始之前，你已经对谈话可能会谈到的话题进行了预估,并且做好了相关的准备。

正所谓,有备无患。准备得当,谈话时你自然可以得心应手,和他们自然融为一体。这个切入点包含七个方面:

1. 时下热点。

我给001群讲这一课时,比较火的是关于林丹出轨的话题。当时是事情发生后的第三天,绝大多数的聊天话题都会谈到这件事。

你如果不知道这件事情,必然和大家聊不到一起。那我们具体怎么准备呢?首先,你要有自己对这件事情的看法。如果你还不知道事件主角,那么请上网搜索。

其次,你需要去网上搜一下关于林丹出轨的事情,网友给出的比较好玩、另类,或搞笑,或有意义的评论。如果你把这一方面做到位了,我敢保证当大家谈论起这个话题时,你不仅能够和大家聊到一起,还会在某些时候主导话题。

因为你所提供的话题点,正是大家需要的。

2. 聊天参与者所在行业的相关方面,尤其是行业的发展状况。如果人数比较多,挑大部分人所在的行业。因为这些内容,往往会在聊天时被聊到。你提前做了准备,自然可以很好地和大家融入到一起。

3. 聊天参与者所感兴趣的事情的最新信息。当和你聊天的人大部分都是骑行爱好者时,就必然会讲到最近有关骑行方面的趣闻,你提前做了准备,自然可以很好地和大家聊到一起。

4. 聊天参与者所遇到的人生大事。比如结婚、生孩子、开业、升职等。这些大事,即使聊天参与者本人不谈,必然也会有其他人去谈这些事情。你做好这些准备,必然能和大家聊到一起。

5. 大家比较关注的国家和地方的最新政策方针。在这里大家一定要注意，是大家或是绝大部分人共同比较关注的政策。比如二胎政策、个税改革。你要做的是，不仅知道这些政策，还要有自己的看法，同时还要搜集网友提供的相关的比较好玩、有意思的意见。

6. 对于聊天发生地方的了解以及所提供服务的了解。比如，你去参加一个聚餐，你需要提前对这个餐馆有所了解，比如特色，比如规模，再比如提供的菜品的特色，以及相似餐馆和菜品的特色等，有的甚至会扯到知名厨师、八大菜系、明星开的餐馆等。这些都有可能在聊天中被提到。总之，有备无患。

7. 如果和你聊天的人，大部分来自同一个地方，你还需要对他们的语言特色，尤其是方言中比较特色的用法，有个大致了解。这样我们在聊天时，就不至于出现断层，便于我们聊到一起。就拿我们的首都北京来说，叽歪表示牢骚，地道表示称赞，撺掇表示怂恿，等等。

三、灵活交锋

灵活交锋其实就是指聊天的过程，主要包含两个方面：聊天的六大注意事项和聊天的四大魅力切入点。

（一）聊天的六大注意事项：

1. 聊天开始时，主动打招呼。

2. 遵守时间，不要迟到。

3. 根据谈话，合理幽默。幽默说话的技巧，我们后面会有详细的讲解，核心方法是五线三点法。

4. 不要夸耀自己，更不能在失意人之前谈得意。这一点，大家一定谨记。

5. 聊天时，要以多听为主。切记，不要认为自己掌握了很多的话题点了，就滔滔不绝地讲个没完。如果这样，下次别人可能就直接不会再和你聊天了。但是有个例外，假如多人聊天出现了冷场，你完全可以多说，这是救场。热起来后，你又可以多听了。如果你能做到这点，你不仅能和大家聊天时聊到一起，关键是你还能主导话题。

6. 多去赞美对方。记住一点，赞美要合适。后期讲到巧妙赞美别人的技巧时，会和大家详细讲解。

（二）四大魅力切入点（这里的切入点指的是聊天时讲到的话题的魅力切入点）：

1. 针对共同话题，发表意见时，可以联想起自身以前经历过的比较好玩、搞笑或有意思的事情。比如日常生活中一些小的有意思的失误，由于孩子的天真所说的话，以及做的好玩事情，等等。

例如：

当时在群里对其中一位朋友的乳名展开了激烈的讨论。假如这是线下的聊天，我可以这么说："关于这个乳名，我想起一件事情。

我上大学时，和一个老师私下关系很好，他年龄将近50了。大三暑假，我开车去他老家找他玩。当时我们和他孩子在院子里下象棋，孩子19岁。快到中午了，老师的母亲对我们说：'宝宝你先别下了，过来帮我把菜摆上。'

我当时以为是叫我的大侄子，也就是我们老师的孩子。这时孩子却说：'爸，奶奶叫你呢。'我想，这个孩子脑子转得还挺快，还把称呼转移到他爸的身上了。然而孩子刚说完我老师就真的跑过去了。

后来，我才知道我们老师的乳名叫宝宝，一个将近50岁的宝宝。每次想起来那个场景，我都会忍不住笑出声来。"

一个小技巧：有时你说的好玩、搞笑和幽默的事情，并不一定非得是发生在你身边的，也可以是你听他人说完后，你把这件事又和你联系到了一起。这样做可以迅速丰富我们的聊天素材。但是一定不要说一些违背道德底线或违法乱纪的事情，否则会起到相反作用。前段时间韩庚聊起小时候偷电脑的好玩经历，招致了很多网友的骂声，所以这点大家一定要注意。

2. 针对聊天比较幼稚话题的双向处理。估计每个人都有这样的经历，你感觉对方聊得话题太幼稚，不想参与。从现在开始，你要学会双向处理。假如你是个领导，或者身份特殊，那你确实不需要参与。但如果你不是这种情况，还是假装热情地参与吧。正所谓，人生如戏，全靠演技！你一味地孤傲，是不可能和大家聊到一起的。

3. 对不懂的问题坦承自己不懂，对违背你原则的问题模糊处理。有些时候，即使你准备了话题，可能还会出现对方聊的话题你不了解的情况，那么你就不必不懂装懂了。当对方讲了违背原则的问题，比如很多人在谈自己各地"大保健"的事情，对于这样的聊天，你完全可以不用参与，直接进行模糊处理。

4. 对方刚经历过的事情、现在的状态和将来的打算，以及这些事情、状态、打算的延伸。这一个魅力点对于我们前期聊到一起是很有帮助的！

例如：

前段时间有个比较相熟的朋友，从淄博开车过来拜访我。具体的聊天，我记不太清楚了。但是开始时，就是使用的这一个切入点。

"来的时候，路上车多吗？"这是刚经历过的事情。

"现在感觉累不累，先喝点热水吧。"这是对方现在的状态。

"你打算在青岛待几天？"这是对方将来的一个打算。

以上例子中，针对刚经历过的事情延伸，假如你对G20、G22比较了解，你可以聊一下最近G20在修路、扩建等信息。如果不知道，你可以提前上网搜索。针对对方现在的状态的延伸，你可以聊一下长途开车的感觉。如果你不会开车，或者你没开过长途，那么你可以聊一下别人开车的感觉。针对将来的打算的延伸，如果对方来青岛的次数不多，对青岛不是太了解，你可以给对方推荐几个景点或刚好举办的大型活动，比如青岛国际啤酒节。

四、话后反思

这一板块讲两个注意事项：

（一）当聊天结束后，我们可以把刚才聊天中有待改进的地方写到手机备忘录中。回到家后，我们要把它写到一个专门的笔记本上。晚上睡觉时，可以再回想一下。此外，一周后再翻下笔记本回忆一下。只有这样，公式才会被充分利用起来。

（二）前期在公式使用过程中，我们可能会遇到很多问题，但是随着使用次数的增多，你会发现，需要总结反思的东西越来越少。临界点是30次使用量。如果你按照之前讲到的公式去使用30次之后，你就会发现，原来聊天这么轻松，太小儿科了。

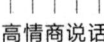

五、执行完善

反思总结完之后,我们需要把公式应用到实际聊天中。我们要坚持一个原则,就是错不过三。也就是同一个问题,可以犯一次两次错误,但坚决不允许自己犯第三次错误。如果犯了,你就需要自己惩罚自己。具体惩罚的措施,你自己来定。

谈话中主导话题的六大秘诀

谈话中主导话题的六大板块:正确意识 + 分清场合 + 话题准备 + 主导技巧 + 肢体语言 + 尴尬预答。

一、正确意识

很多人错误地认为,主导话题就是自己始终滔滔不绝地说话。如果你也有这个毛病,现在必须要改掉。

关于好口才,我曾经说过一句话:"口才好的人是使对方开始谈论自己,并且按照我们的引导继续谈论下去,从而实现我们此次谈话目的的人。"什么意思呢?就是即使你想主导话题,也要以倾听为主。但是在关键时刻,你要使用合适的技巧,让对方按照我们的引导来说话聊天,从而主导话题,最终实现我们此次说话的目的。我们要先有这个意识,在此不赘述。

二、分清场合

不同的场合，主导话题的难度以及执行方式也是完全不一样的。我主要讲三种场合：

和领导或长辈谈话的场合。

和平辈或同级谈话的场合。

和晚辈或是下级谈话的场合。

第三种场合应该是最简单的，因为我们有身份的优势，这个过程中只要你不是有意讽刺、打击对方，或者炫耀自己，我们都可以轻松地掌握住话题的主导权。这是由我们的身份决定的。由此，我们也可以得出一个结论：要想掌握话题的主导权，我们需要努力提高自己的身份和地位。

第二种场合，和平辈或同级谈话的场合，需要使用一些技巧。我们在后面板块中，会有详细的讲解。

我们重点讲下第一种场合：与领导或长辈相处的场合，首先你要知道在与领导或长辈相处中，你不可能主导整个话题，但你却可以主导某些谈话点的话题（主导话题点）。

主导话题点的方法叫迎合。迎合有两个切入点：

（一）延伸＋提供价值点。

延伸就是你用解释的话语、例子或故事对对方说出的观点进行进一步的说明。

提供价值点就是在延伸的基础上，提供与此相关的其他有价值的信息。关于提供价值点，大家一定记好，有就加，没有只是延伸就可以了，否则会有画蛇添足的感觉。

例如：

长辈说绿萝比较好养。你可以这么接话："确实是这样的，绿萝的生命力确实很顽强。现在我家里面全是绿萝，以前也尝试着养过其他的花，但是时间不长就都死了。绿萝就不一样了，只要别忘了给他们浇点水就行。"（对于绿萝比较好养的延伸。）

"我无意中发现了一个浇绿萝的新方法。绿萝刚买回来时，要把水浇到花盆下面的托盘上，让绿萝把根都扎下来。这样连续浇1个月左右，等绿萝的根都已经扎下来了，就可以随便浇水了。"（这里新的浇绿萝的方式，属于提供价值点。）

（二）提炼+升华。

例如：

刚才领导讲了有五六分钟，主要讲了要团队合作的一些事情或例子。你可以结合领导的话，做个小总结或是提炼。升华是在此基础上，进一步地夸赞或赞扬领导，如果场合允许还可以祝福敬酒。

当你给领导的话做了提炼以后，你可以继续说："王总用心良苦，有这样的领导是我们的幸运。我相信在王总带领下，我们的团队一定可以团结合作，相互配合，提前完成我们的任务。我提议，大家一起敬王总一杯。"（当然，如果当时你没有想到合适的升华词语，那么只提炼就可以了。）

三、话题准备

这个板块的内容，我们在前面的章节中做了详细的讲解。话题准备有两个切入点：候补亮点和共同话题。第一个切入点候补亮点包含四个方面，第二个切入点共同话题包含七个方面。

四、主导技巧

交谈主导技巧共有九种：

（一）判断陈述。判断是属于某种程度上的猜测。既然是猜测，那么结果就会有对有错。

陈述是把句子用陈述句的语气表达出来。通过这种方式，你会让对方不自觉地说出更多的信息，从而可以在不知不觉中掌握话题的主导权。

例如：

你问对方："你家公子多大了？"对方说："7岁了。"然后一般就没了下文，需要再继续找话题。

但是如果使用了判断陈述的技巧，那么结果就会完全不一样，你可以轻松掌握话题的主导权。

你使用方法后，你就可以这么说了："你家公子真懂事，像个小大人似的，应该有10岁了吧。"对方听完后，一般会说："哪有那么大，才7岁。"然后一般会再说，他的教育方式等等。关于这种方法的使用，我有深刻的体会。有次和一位理工大学的老师一起参加活动。我就是这么说的，然后他一直在不停地和我讲，他的教育方式和其他人的不同。

我用一句话和一些语气词，换来了他的很多句话，他还把我当成了很好的朋友。这就是判断陈述方法主导话题的妙用。

这个方法有两个注意点：

1.猜测的时候，一定要往好的方向去猜测。比如，你明明知道对方的衣服就是两千多,你可以说:"你这件衣服真好看,至少需要三四千吧。"

2. 猜测和实际的差距不能过大,否则会起到相反作用。比如,明明你知道对方穿的衣服是从地摊上买的,做工比较粗糙,不超过一百块钱。但是你却说:"你的这件衣服真好看,至少需要两千多吧。"这样对方会认为你在讽刺他,结果自然就和我们的目的相违背了。

(二)欲擒故纵。所谓欲擒故纵,就是利用人类的好奇心理,通过一定程度吊对方胃口,故意在谈话中把某些想法、计划、经历、感悟等不说明白,让对方跟着你的节奏走,从而轻松掌握话题的主导权。

例如:

如果你问对方:"最近工作怎么样?"他回答:"还可以吧。"是不是一般这个话题就差不多结束了。

但是如果对方使用了欲擒故纵的技巧,那么结果就会完全不一样,对方可以轻松掌握话题的主导权。对方使用方法后,就可以这么说了:"真是一言难尽。"你一般会接着问:"怎么了?"对方说:"你不会想知道的。"如果对方这么说,你是不是更想知道了?一旦你有这个想法,那么就意味着对方已经轻松主导话题了。

(三)发问引导。发问引导就是要学会使用"5w1h"来实时发问,从而进一步引导对方。如果你在交谈之前,做过话术推演,你的每一个问句都是经过深思熟虑的,那么起到的作用将会更大。即使是临时的谈话,你也要明确此次谈话的目的,从而在交谈时,挑选合适的"5w1h"来进行发问,从而轻松主导话题。

5w 是指 when(什么时间),where(哪里),who(谁),what(什

么), why (为什么)。1h 指 how (怎样)。比如，你什么时候开始这么做的? 你在什么地方发现的他们? 谁告诉你的这个信息? 当时他对你都讲了些什么? 为什么你会从事这个行业? 如何才能和你一样，把口才练好? 等等。

这个方法如果可以进行话术推演，那么最好进行话术推演，选择最合适的问句。如果没有时间做话术推演，那么也要在倾听对方话语的时候，思考下合适的问句，选择最有利于你实现谈话目的的问句。

话术推演是指我们在基本确定谈话的目的和大致流程后，进行全方位无死角的话接话演练。

例如：

我们问对方现在感觉饿么? 对方一般会有六种回答：

1. 很饿。

2. 不是很饿。

3. 还可以。

4. 不饿。

5. 一点都不饿。

6. 保持沉默。

想好对方的每一种回答后，再针对每一种回答进行回答演练。

为什么要这么做? 因为实地交谈还没有进行，对方的回答我们还不能百分百的确定是哪一种，所以我们必须把可能出现的每一种回答都做好相应的对答。

假如对方回答的是第一种。我们提前推演好，应该怎么去回答。依此类推，你回答后，对方必然又会做出反馈，你再推演对方可能依然会给出几种反馈。然后再根据不同的反馈,挨个话接话推演。

其实,我们也可以这么理解,虽然我们还没有进行实地的劝说,但是我们已经做好了全方位接话的准备。不管对方有任何的反馈,其实都已经在我们的推演步骤里了。

但是这个推演是很累的,并且用的时间会是实际时间的8倍左右。刚开始使用时,我们花费的时间会更多。

(四)沉默控制。这里的沉默并不是一句话都不说,而是在正常的聊天过程中,你通过借助其他事情,假装自己被强烈地吸引了注意力,然后突然沉默,借此引起对方的注意,进而在情绪上引起对方共鸣,从而主导话题。

例如:

你正在和你的朋友聊天,突然你的微信响了下。你看了下后,就不再说话了,而且还低着头,貌似在思考特别棘手的事情。按照你以往的经历,如果你碰到这样的情况,对方突然这样,你会怎么做?

你肯定会问:"怎么了?"这个时候,对方如果说:"啊,没什么。"但还是继续在低头沉默思考。你肯定会问:"是不是碰到什么事情了?如果方便,可以说一下。"一旦你有这个行为,那么就意味着对方已经轻松主导话题了。如果对方的这个沉默控制,是看似无意实则有意的话,那么你已经在不知不觉中被对方左右了。

如果想让沉默控制的作用发挥到极致,还是最好配合话术推演来进行,它可以起到一个很好的化被动为主动的作用。沉默控制所起的作用,还是以服务于我们此次谈话目的为主。

(五)察言观色。所谓察言观色就是我们在说话的时候,要实时观察对方的表情。如果对方表现出不耐烦或是不感兴趣的表情,那么你就需要及时转变话题了，否则就会发生你感觉自己讲得很好，但是对方却没有回应的情况，这次谈话最终就是一次失败的谈话。这个时候，你只有转变话题，才可以进一步达到主导话题的目的。

（六）会讲故事。如果你平常注意观察，你会发现凡是聊得比较投机的谈话，中间的故事或例子能占到一半以上。所以会讲故事和例子，就可以很好地主导话题。

讲故事有两个切入点：面和点。

面是指我们要传达给对方的整体画面，也可以理解为大的背景。点是指细节，让对方有种身临其境的带入感。

例如：

学习讲故事之前的小陈：昨天中午下班后，去了餐厅，人很多，就去了旁边的西餐厅，简单地吃了一点，吃完饭有点困，就稍微眯了会，然后就回到单位，开始上班。

学习讲故事之后的小陈：昨天上午单位事情不是太多，所以11点半就准时下班了。一出单位门口，天气倒不错，天空也很蓝，但是风特别大，简直是冻死人的节奏。我把衣服裹了下，就直接向餐厅跑去了。一走进餐厅，发现吃饭的人不是一般的多，根本没有空闲的桌子。所以去了一楼的西餐厅，突然发现西餐厅为迎接圣诞节好好装饰了一番，周围都挂了彩灯，而且还放了几颗圣诞树，圣诞树下还放了很多礼品盒和小玩具。总体感觉还不错，说实话，我挺喜欢这种喜庆氛围的。

接着我就找了个靠窗的位子坐下来之后，点了一个澳洲牛排，老样子咖喱味，七分熟的。简单吃完后，有点累，我就想在桌子上睡会儿。没想到，竟然睡着了。醒了后，我去前台结账，没想到他们店的pos机坏了。我当时微信和支付宝也没钱了,就让张老师给我用微信转了点钱,然后用微信支付的。支付完后,跑回了公司。

在学习讲故事之后的小陈的描述里,"天空也很蓝,但是风特别大""西餐厅为迎接圣诞节好好装饰了一番",使用的都是面的技巧;"彩灯""咖喱味"等使用的就是点的技巧。

同样是回忆下昨天中午做了什么事情,学习讲故事之前的小陈使用的是我们大家经常使用的交谈方式,学习讲故事之后的小陈使用了面和点的技巧。以上这两种交谈方式,哪一种更容易主导话题呢?毫无疑问,肯定是使用技巧的方式,更有代入感,也更容易主导话题。

(七)发现漏洞。这个技巧的秘诀就是通过谈话,尽量让对方多讲,你就可以发现对方说话上的漏洞,也就是前后矛盾的地方。这种方式一般在一些辩论或必须要分出高低的场合才需要使用。

一定要注意,我们平常的谈话尽量不要用发现漏洞的方法。否则,虽然你暂时掌握了话题的主导权,但是可能会失去一个朋友,是得不偿失的。所以这一点,我们一定要注意!

(八)幽默接话。幽默不仅可以彰显一个人的高情商,而且还可以在愉悦对方或大家的同时主导话题。关于幽默说话的方法,我们后面会有详细的讲解。

(九)转移话题。其实,转移话题的作用,就是化被动为主动,或是进一步强化主动,目的就是主导话题。转移话题的切入点共有四个(为了方便大家记住,我用了三十六计中相应的计策来标注):

1. 假痴不癫。要装聋作哑,故意理解错对方说话的意思,从而实现一种不在同一频道的错觉。比如对方说南,你说北;对方说事,你说人；对方谈家庭，你就说工作；等等。让对方感觉你有点不在状态，从而实现你自己说话的目的，以这种自己主动刻意制造的乱来掌握话题的主导权。

2. 树上开花。所谓树上开花，就是通过我们眼睛视线的转移，将话题转移到我们看到的事物上，从而实现主导话题的目的。比如你可以盯着旁边的茶壶，将话题转移到和茶壶有关的事物上，可以问下对方对茶叶和茶壶的了解，以及如何区分等；你可以看着窗外的环境和天气，将话题转移到谈论环境的好坏或者天气的变化等。通过这种转移话题的方式，我们可以从现有的谈话中脱离出来，进一步主导话题。

3. 瞒天过海。如果对方谈的内容，你不感兴趣，不想去参与。你就可以使用瞒天过海，灵活转移话题，从而在谈话中主导话题。比如对方正在谈论某个人的是非，你不想参与，那么你可以先听对方说，然后说一些和被谈论人无关紧要的事。当然，你也可以说自己的事，说近来发生在身边的有趣的事，从而转移话题，进而主导谈话。

4. 浑水摸鱼。如果你已经大体知道对方接下来要讲什么内容，而你又不想谈论这个内容，你可以在对方还没完全摊开话题之前，重新找一个新的话题。注意一点，一定要态度诚恳地向对方请教多个问题，不要给对方喘气和再提话题的机会，从而牢牢地掌握话题的主导权。

五、肢体语言

肢体语言的使用可以增强说话的感染力，如果我们所说的话能和肢体语言有效地结合，会有利于我们在谈话时主导话题。这里的肢体语言主要指手势语言。

关于日常沟通的手势语言主要讲四点（区别于演讲，因为演讲会更多）：

（一）手势语言的基本准则：简单、重复、对称、偶尔夸大。

简单，任何的手势语言都是由两个基本动作衍生出来的：切菜动作和炒菜动作。

具体使用时，我们一定要自然，否则动作太僵硬给人的感觉就是不自然。我以前接触过一个50多岁的学员，公式用得特别好，但是手势语言很生硬，像机器人似的。我专门把他的每一个手势动作在原来的基础上做了自然地改进，才最终改过来。我们在刚开始使用手势语言时，几乎每个人都比较僵硬。那么怎么改呢？

我们可以照着镜子反复练习，通过观察，让自己的手势动作变得更加自然。

重复，我们在讲话时，会不断地重复我们的手势动作，以此来增强我们的吸引力。

对称，我们的两只手有时会同时做相同的动作。

偶尔夸大，手势的动作范围偶尔变大。我们讲完后面的区间范围，会更有利于我们理解。这样做的目的是为了增强我们的感召力、吸引力和魅力。

（二）三分之一有动作，三分之二没动作（演讲刚好相反）。在现实生活中，我们与他人进行日常沟通时，三分之一的谈话内容需要有手势动作，三分之二的谈话内容不需要有手势动作。而我们做演讲时，三分之二的演讲内容需要有手势动作，三分之一的演讲内容不需要有手势动作。

（三）升华性的手势语言。升华性的手势语言有四个注意点：

1. 手指表示 1、2、3、4 等阿拉伯数字。

2. 力量的拳头。

3. 手转圈。

4. 两手水平往下压。

（四）手势使用的区间范围。分别在腰和肩膀的水平方向画一条横线，身体的左右两侧各画一条与前面两条平衡线垂直的竖线，这样我们可以把我们的身体划分成九部分。根据我的经验，如果你在演讲会场，两条横线中间的区间足够了。如果人数再多，可以扩大到肩膀以上的区间。如果就是两个人或是几个人之间的交流，手势语言的活动空间一般就是位于胸前的中间部分。

关于手势语言，以上这些都是我的个人建议。我认为关键的是要形成适合你自己的手势语言，要做到自然和谐，和自身的语言融为一体。此外，最关键的是我们的手势语言需要不断地练习。

如果大家想练好自己的手势语言，其实也很简单。我给大家出一个处方签，坚持 3 个月就可以了。需要准备的东西：一面大的镜子，一个坚定的决心。每天晚上你可以拿出 20 分钟时间，照着镜子，把今天一天做的事情，从头到尾给自己讲一遍。讲的时候，你要注意到自己的面部表情，同时配合手势语言来表达。

六、尴尬预答

尴尬预答是指设想遇到尴尬的场景时我们应该怎样去说话。有时我们抱着侥幸心理，做了一些违背规则或规定的事情，认为应该会没事。天下没有不透风的墙，当这些尴尬的事情被撞破后，我们往往会脸红脖子粗，说的话前言不搭后语。此时我们连正常的沟通都谈不上，更不用提掌握谈话的主导权了。这个时候我们就需要使用尴尬预答的技巧来掌握话题的主导权。

例如：

张老师妻子的预产期，比我妻子晚半个月，2016年11月底他们的孩子刚出生。他的妻子是剖腹产的，所以生完孩子，需要住院恢复几天。2016年生孩子的特别多，绝大多数医院都没有床位。张老师的妻子还算比较幸运，有床位。但是他们生孩子的医院，规定每晚只能留下一个人来陪床。做过剖腹产的人都知道，一开始躺在床上不能动，需要插上导尿管。但是导尿管拔了后，产妇需要自己忍着疼上洗手间。当时张老师家里留下了两个人陪着他妻子。但是第二天，医生查房时，发现他们病房里人很多，就说了只允许一人陪床的规定，让其余的人都到病房外面等着。当时张老师的母亲说自己是隔壁床的，医生不相信，搞得大家都很尴尬。后来聊起来，张老师还问我："王老师，当时我应该怎么回答？"

我说："解决的办法不是你当时用什么公式立刻回答对方，显得自己反应很快。而是应该在你做这件违背规定的事情时，就要首先想到，如果被对方问起来，我应该怎么回答对方。当然对方不问，皆大欢喜，但是一旦对方问，你可以把你已经想好的解决答案告诉对方。这个回答看似随意，其实是经过深思熟虑的，并且你必然会不紧张，很坦然，自然就会掌握住话题的主导权了。"

后来张老师听完后，恍然大悟。他说："我当时可以这么说：'不好意思，给你添麻烦了，我妻子刚做完手术，上洗手间需要人搀扶，一个人根本不行，看你们平常都很累很忙，所以我们就多留了个人。但是你放心,今晚我们肯定严格遵守规定,只留一个人陪床的。'"

我们尽量不要违反任何规定或规则。但是有时不得已而为之的时候,可以抱有侥幸心理,但是一定要做好万一被人发现问起时的应答准备。

二 好口才,把危机都变成魅力释放

制造幽默的五线三点法

五线三点法,具体是什么意思呢?

五线指的是高情商说话技巧中句句幽默的核心技巧,分别为故意曲解、断章取义、制造矛盾、意外转折、巧换秒接。三点指的是每一个技巧的落地使用,都包含三个切入点。

一、故意曲解

第一线故意曲解的三个切入点分别是联想变换模块、句意相反、左右延伸。

(一)联想变换模块。

模块指的是我们一个句子中的组成部分。比如,我去弄条鱼。这个句子最基本的模块有三个,主语,也就是动作的发生者:我;谓语,也就是动作:弄;宾语,也就是动作的目标:鱼。

联想的技巧有两个:

1. 上下左右的分析。上,指这个模块的上一级。下,指这个模块的下一级。左右指这个模块的同类词。我们用"我去弄条鱼"这一句话中的宾语模块——鱼举例子来讲解下。鱼的上一级是脊椎动物。如果想出现幽默效果的话，可以这么对话：

A 说："我去弄条鱼。"B 说："只要不是鳄鱼就可以。"

B 在这里联想的是鱼的上一级脊椎动物，脊椎动物不光有鱼类，还有鸟类、爬行类，而鳄鱼就属于爬行类。

鱼的下一级是带鱼、章鱼、美人鱼等。如果想出现幽默效果的话，就可以这么对话：

A 说："我去弄条鱼。"B 说："最好弄条美人鱼，这样我就不用再过光棍节了。"

这里联想的就是鱼的下一类别中的美人鱼。

鱼的同类自然也是脊椎动物，比如人类等。如果想出现幽默效果的话，就可以这么对话：

A 说："我去弄条鱼。"B 说："条鱼是谁？"

这里联想的是鱼的平行分类中有人这一分类。很多人可能会想到刚才的上一级想到的鳄鱼貌似也可以划到这种联想中。严格来说确实是这样的。但是他们之间的区别是，鳄鱼是从上一级联想到的，而人类是从同级联想到的。

我们只使用"我去弄条鱼"这一句话为例子，目的是让你更好地理解上下左右的分析这个技巧的意思。在真正的实战中，我们只要能想起一种方法就完全可以了。

2. 同音的替换。

鱼的同音词很多，比如"于""雨""玉"。这一技巧最佳的切入点是同音同调的字，就刚才我讲到的鱼的三个同音词。"于"是最好的，"雨"和"玉"次之。

例一：

A说："我去弄条鱼。"B说："你心里还没放下她吗？"

这里联想的是鱼的同音词——于，而A的前女友刚好姓于。

例二：

A说："我去弄条鱼。"B说："没文化真可怕，雨的计量单位是滴。"

这里联想的是鱼的同音词——雨。

例三：

A说："我去弄条鱼。"B说："我喜欢新疆和田玉，要羊脂的，不要山料，你懂的。"

这里联想的是鱼的同音词——玉。

（二）句意相反。这个切入点比较好理解，就是故意不按对方句子的意思接话，而是反着意思去说，从而出现幽默的效果。

例一：

一位女士拒绝一位男士说："我们不合适。"男士说："我倒是感觉你各方面还不错，不要太自卑。"男士也可以这么说："我知道了，从今天开始我出门会故意穿得邋遢点。"

例子中的女士是感觉男士不符合自己的要求，男士接的话却是从完全相反的句意去说，意思改为了女士感觉自己不符合男士的要求，幽默的效果也就出来了。

例二：

A说："要你管？！"B说："谢谢对我的信任，必将全力以赴。"

这个对话使用的也是句意相反这个切入点。

（三）左右延伸。左右延伸共有两个技巧：

1.直接添加。故意曲解对方的话还没有说完，我们直接添加上

"字"或"词",从而帮他把句子补充完整。

例一:

A说:"天真!"B说:"无邪!"或者B说:"蓝。"

A说的天真,本意是说对方很天真,考虑事情比较简单。B使用直接添加的幽默技巧,帮对方补充完整,所以就出现了"天真无邪"或"天真蓝"的组合。

例二:

A说:"流氓。"B说:"兔。"或者B说:"女流氓。"

这也是使用了直接添加的技巧,从而出现"流氓兔"或"女流氓"的组合,类似这样的例子特别多。

2.意思延伸。意思延伸是指先故意曲解对方说的话,然后再按照正常的逻辑顺序给予对答。

例一:

A说:"我去。"B说:"你要去哪?能透漏下吗?我也好制造个偶遇什么的。"

我们可以看出来,一开始A说的"我去",本来是向对方表达一种带有不满、意外或者惊讶的情绪。但是B把它故意曲解为对方要去某个地方,所以就出现了后面的对话。

例二:

A说:"我去。"B说:"早点回家,你妈等你吃饭。"

例三:

A说:"你是猪吗?"B说:"我的五香猪蹄绝对是一绝。"

例二、例三也是采取了左右延伸这一切入点。

二、断章取义

第二线断章取义的三个切入点分别为多义相似回答、片面回答、临近解答。

在实际使用中,很多人非常容易混淆故意曲解和断章取义的使用范围,所以在这里我先和大家说一下他们的主要区别。

故意曲解侧重于有意识地去实现一种幽默效果,可以实现句句幽默的结果。断章取义侧重于无意识,有点类似无心插柳柳成荫的感觉。

断章取义的用法中,多义相似回答和片面回答主要使用于幽默段子和笑话中,并且使用者当时一般都不知道,有的后知后觉,有的永远都不知道。而临近解答是故意这么去回答,从而出现了一种幽默的感觉。

(一)多义相似回答。多义相似回答有三个使用技巧:

1.一词多义。有一些词语往往有很多种意思。他们在不同的语境中所代表的意思是完全不一样的,如果对话双方刚好使用了这个词不同的意思,那么就会出现一词多义的幽默效果。

例一:

春节假期刚刚开始,A对B说:"我大姨妈走了。"B一脸茫然地说:"啊,那票很难买吧?"

大姨妈有两种不同的意思:亲戚和月经。而对话双方刚好都使用了它的不同意思,所以出现了令人捧腹的段子。

例二:

一对恋人去登记结婚。工作人员问:"做过婚前检查吗?"女青年说："查过了，他房子车子都有。"工作人员忙补充道："我是说去医院。"女青年脸红了，小声说："查了，是双胞胎。"

以上例子中，工作人员的婚前检查是检查身体，女青年说的婚前检查是检查财产；工作人员说的去医院是检查男女双方的身体情况，女青年说的去医院是检查肚子里的宝宝。双方对于同一个词有不同的理解和回应，就出现了一种让人捧腹的效果。

2. 形似出错。形似出错的意思是指有很多的物体在形状或状态上相似，但是所代表的意思却完全不一样。由于出现了错乱，所以也就出现了幽默的效果。

例一：

小明宿舍一兄弟某天晚上喝醉酒后，堂而皇之地站在一路灯下放水，还边擦汗边感叹："这么个大太阳，真是晒死我了！"

例子中，小明的兄弟把发光的路灯当成了同样发光的太阳，出现了幽默的效果。

例二：

小明宿舍的另外两个兄弟，一天喝得烂醉。他们路都走不稳了，一个稍微清醒点的人对另一个人说："哥们，行不？不行我扶你一把吧。"这个时候，只见那位已经醉成一滩泥的家伙躺在地上作迈步走路状说："我……没事！我……扶着墙。走得挺稳的！"

这个段子中，这个醉酒的兄弟错把地面当成了墙面，说了他自认为很清醒的话，因此出现了幽默的效果。

3. 声似出错。有很多事物的发音类似，但是所代表的意思完全不一样。由于出现了错乱，所以也就出现了幽默的效果。

例如：

一位银行的朋友告诉我，有次他处理业务时，有次他请一客户出示"结算证"，结果客户听成了"结婚证"，并且第二天真给带来了。

（二）片面回答。有时候，很多人所说的话是有很强的暗示性或者目的性的，而对方却完全不知，所以回答的话就有了幽默的效果。

例一：

一天在公交车上人太多了，特别热，特别闷。不知谁放了一个屁，整个车厢的环境更加恶劣。我朋友实在受不了了，又不知道是谁，也没办法，只能忍着。正好这个时候售票员问："谁没有买票？"朋友忽生一计，大声说："刚才放屁的没买票！"刚说完，忽然一个角落里的女人，手高高地举着票，大声说："我已经买票了！"

这个段子中，"刚才放屁的没买票！"这句话带有很强的目的性，就是想知道谁放的屁。而此时真正放屁的女人急着辩白，忘记了任何人其实都不确定是谁放的屁，所以出现了片面的回答，进而出现了幽默的效果。

例二：

一天在拥挤的公交车上，一个站着的怀孕妇人对着他身旁坐着的一位男子说："你不知道我怀孕了吗？"只见那个男子很紧张地说："孩子不是我的。"

这个段子中，"你不知道我怀孕了吗？"这句话其实是在暗示对方让座，然而对方却故意想成这位女士想要让他负责任，所以出现了片面的回答，进而也出现了幽默的效果。

例三：

警察问："说，你叫什么？"

犯人说："我叫成龙。"

警察说："你怎么不叫陈真，给我把态度放端正了，好好说你叫什么？"

犯人一脸茫然说："我叫陈真！"

这个段子中，警察不相信犯人叫成龙，所以才这么去说，目的就是让犯人严肃对待问话，告诉自己他的真实名字。然而犯人却以为警察想让他回答他叫陈真，所以就片面地回答自己是陈真，进而出现了幽默的效果。

（三）临近解答。根据对方所说句子最后的模块进行进一步解答，最终出现完全相反的句意，进而出现幽默效果。

强调一点，临近解答这个切入点不同于上面讲的多义相似回答和片面回答两个切入点，临近解答完全可以用于实际生活中，多义相似回答和片面回答这两个切入点主要存在于幽默的段子或笑话中。

例一：

A说："你是奇葩！"B说："奇葩也是一种美丽的花。"

其实A的意思是说，B的很多行为不太正常，有些另类。但是B完全没理会，而是一语双关地对奇葩做了个进一步解释。这就是典型的临近解答，这个非常实用。在生活中对方说完话后，让我们思考的时间很短，这时临近解答就可以派上用场了。

例二：

A说："我去你大爷！"B说："在哪？你们竟然认识。"

其实A的意思是通过脏话表达对B的不满，但是B完全没理会，而是对"你大爷"做了个进一步解答，从而出现了幽默的效果。

三、制造矛盾

关于制造矛盾这一技巧，有的是主动的，有的是无意的。主动的是指使用者在刻意使用这一技巧实现幽默的效果；无意则是使用者在不经意间、无意识使用制造矛盾造就了幽默，当然有的是后知后觉，有的人则永远都不知道。

第三线制造矛盾的三个切入点分别是：属性矛盾、搭配矛盾、前后矛盾。

（一）属性矛盾。

一个具体的事物总是有许许多多的性质和关系，我们把一个事物的性质和关系，都叫作事物的属性。事物属性的相同或相异，导致我们的客观世界中形成了许多不同的事物类。具有相同属性的事物就形成一类，具有不同属性的事物就分别形成不同的类。比如，苹果是一类事物，它是由许多具有相同属性的个别事物组成的。梨也是一类事物，它也是由许多具有相同属性的个别事物组成的。苹果和梨是两个不同的类，而有时候如果我们把不同种类的属性混淆，就会出现幽默的效果。

例一：

正想叫你姐一声哥！

这句话的幽默就是把男人与女人的属性混淆，出现了幽默的效果。

例二：

空姐说："先生，您是喝橙汁还是喝西瓜汁？"

乘客说:"你们的橙汁有西瓜味的吗?"

这个段子的幽默在于,混淆了橙子和西瓜的分类,所以才出现了幽默的效果。

(二)搭配矛盾。

搭配矛盾有三个技巧:

1. 修饰限制语和中心词不搭配。

例一:

读高中时,我们的政治老师有一次在讲课的时候说:"下面我'举'个比方。"然后觉得不对,又说:"'打'个例子。"

这个幽默的段子中出现的幽默,比较好理解,因为正确的搭配应该是举个例子,打个比方。

例二:

大学时,我和我们宿舍一哥们去买烤面筋,他伸出4个手指头对老板说:"来3个烤面筋。"老板蒙了,问:"买几根?"他又伸出3个手指头说:"4根!"

在这个幽默的段子中,手势语就是我们所说的修饰限制语。而话语的表达则是我们所说的中心词,两者出现了一个偏差,就有了幽默的效果!

2. 句中主要成分不搭配。

例如:

小张和小明很久不见了,见面后互相寒暄。小张对小明说:"挺佩服你的,体型一直保持得这么好。"小明说:"别提了,你看我的脸都发展成什么样了!"

一般会说脸长成什么样子,而脸和发展是不搭配的。例子中说"脸发展成什么样子",运用成分不搭配,因此所以出现了幽默的效果。

3. 谓语和一个宾语搭配,和另一个不搭配。

例如:

一天小刘和小丽聊天,小丽问:"今天忙什么了?"小刘说:"没忙什么,公司刚换地方!打扫了下办公室和文件!"

这个段子中,打扫和办公室是搭配的,但是和文件是不搭配的,所以才出现了幽默的效果。

(三)前后矛盾。前后的意思矛盾或前后的逻辑矛盾也会出现幽默效果。

例一:

一天傍晚,小张碰到个熟人,开口就说:"早啊!"

这个段子的幽默在于前面的傍晚和后面的招呼内容的矛盾。所以出现了幽默的效果。

例二:

有天我去买西瓜,听见有人在问卖西瓜的师傅:"你的西瓜有皮吗?"

这个段子中,常理都知道西瓜肯定有皮,而这个人却问"有皮吗",这属于逻辑上的矛盾,所以也就有了幽默的效果。

例三:

我的初吻又没了。

这个段子中,前面的"初吻"和后面的"又没了",是明显的前后矛盾,所以出现了幽默的效果。

四、意外转折

第四线意外转折的三个切入点分别是：七情、五求、选择。

（一）七情

这里所讲的七情，并不是我们常规意义的七情，而是我根据幽默方法重新定义的七情。

七情是指乐、悲、爱、怒、惧、恨、怜。乐，即快乐、高兴；悲，即忧伤、悲痛；爱，即喜欢、钟情；怒，即发怒、气愤；惧，即害怕、恐惧；恨，即讨厌、憎恶；怜，即关心、怜悯，同情。

（二）五求

五求是指生存需求、成长需求、性需求、尊重需求、舒适需求。生存需求，指人努力活着的欲望，与此相关的词有饮食、温饱、健康、平安、安全、长寿等；成长需求，指想要了解知晓一切事物的猎奇心理，与此相关的词有了解、知晓、明白、探索、研究、发展、开创等；性需求，指人对异性天生的六种欲望，与此相关的词有色欲、形貌欲、威仪姿态欲、言语音声欲、细滑欲、人相欲等，此欲望是佛教所说的六欲；尊重需求，指想要在人群中突出表现自己，显示自己的独特性、权威性，并获得他人尊重和服从自己的欲望，与此相关的词有面子、荣耀、地位、名声、威信、权势等；舒适需求，指尽量使感觉更舒适的欲望，与此相关的词有冷热、香臭、疲倦、爽快、痛痒、明暗、软硬等，此欲望着重于身体各感官。

（三）选择

选择指在七情五求中选择一种合适的转折结果。

例如：

公园的长椅上坐着一位老妇人正在晒太阳。这个时候，一个小孩走过来，说："奶奶，您的牙还行吗？"这位老奶奶说："已经不行了，都掉了！"老奶奶刚说完，小孩拿出一包核桃，说："您帮我拿一下，我去玩会碰碰车！"

在这个段子中，我们来分析一下，各个行为主体的七情五求。一开始小孩说："奶奶，您的牙还行吗？"奶奶听完后很高兴，因为她感觉被关心了，满足了老奶奶的尊重需求，同时属于七情中的乐。

这个时候的小孩，按照常理，是表达对老奶奶的关心和同情，并想知道老奶奶吃饭时应该怎么办。我们把它归结为小孩的成长需求，同时属于七情中的怜。

按照正常的逻辑，小孩继续延伸自己的七情五求，可以这么继续说："那您一定要注意下，吃东西时不能吃太硬的东西。"这样说也可以继续延伸老奶奶的七情五求：乐和尊重需求。但是这样就不会有我们一开始讲的幽默效果了。

也就是说，想要达到幽默的效果，小孩接下来的话语带给老奶奶的结果，一定不是七情中的乐了，而应该是悲或是怒。所以小孩听完老奶奶的回答后，小孩的话语需要展现全新的七情五求。所以出现了："您帮我拿一下核桃，我去玩会碰碰车！"这是生存需求，并且小孩放心了，属于七情中的乐，这就是意外转折。

也可以这么理解，不按常理延伸的新的七情五求就是意外转折的精髓。

我们用这个例子做下延伸，这么回答，同样会出现幽默的效果！

例如：

公园的长椅上坐着一位老妇人正在晒太阳。这个时候，一个小孩走过来，说："奶奶，您的牙还行吗？"这位老奶奶说："已经不行了，都掉了！"老奶奶刚说完，小孩拿出一张试卷，说："太好了，我可以数一下您的假牙个数，写上答案了。"

这么回答的原理就是小孩的回答，使用了成长需求中的另一个方面，并且很高兴，属于七情中的乐。我们可以明显地看出，这句话虽然也有幽默效果，但是幽默的程度不如第一种。也就是说，我们利用七情五求实现意外转折的幽默方式有很多种，但是往往选择相对的情绪，以及不同的需求才会起到更加幽默的效果。

例如：

有次在加油站给汽车加油时，克林顿对希拉里说："如果当时你嫁给了加油师傅，你只能做个加油工夫人了。"希拉里听完后，说："如果我当时嫁给了他，那么现在的美国总统就是他了。"

这个段子中，克林顿的谈话是渴望让希拉里认可自己，是尊重的需求，同时属于七情中的乐。因为前面希拉里没有说话，不能看出她前半段时间的七情五求。像类似的段子，重点放在选择对方的七情五求中就可以了。所以希拉里的回答，只要不体现克林段的尊重需求，不让他自豪高兴即可。所以她使用了性需求，以此让回答出现了幽默的效果！

例如：

年轻人，如果现在的工作不好，请不要失望。因为以后的工作会更差，应该绝望！

这个段子，一看就知道是通过刻意转折达到幽默的效果！类似的情况,刚才讲到过,重点一定放在对方七情五求的变化上。一开始的叙述让对方感觉被维护了,属于尊重的需求,也属于七情中的乐。所以最后的意外转折只要不是尊重需求就可以,所以出现了知道结果的发展需求,当然对方也就不乐了,因此出现了幽默的效果。

看到这里大家应该明白了。请看以下三个例子,然后用刚学到的切入点分析一下。

例一:

初中时,我的同桌上课喜欢出洋相,他把两个小纸团塞进鼻子里,然后用力一喷,就把两个小纸团喷出来。恰好被物理老师看到。物理老师喜欢打人,不过那天老师没当我们的面打他,下课的时候叫他去了办公室。

他回来时,眼睛和鼻子都红红的,我们说他一定是挨打了。他却说下次再也不敢了,比挨打还难受。原来老师给了他一大卷纸,不喷完不让走。

例二:

某男子走夜路,忽然碰到拦路抢劫!

劫匪用刀逼住他说:"拿过钱来!少废话!"

该男子掏光了口袋里的东西,可是一点钱也没有,只拿出一沓纸来并央求的说:"钱没有,股权证要吗?"

劫匪呸了一口,吼道:"别刺激我,滚!要不是这该死的玩意,我能出来抢吗?"

例三:

一天晚上煮螃蟹,水开后,小明把螃蟹一个个扔进锅里。螃蟹很新鲜，在锅里乱动。

小明的媳妇从小就心善，最见不得这个，所以躲在了小明的身后捂着眼睛不敢看。

小明宽慰道："媳妇，我们是不是太残忍了？"

他媳妇说："恩……放盐了吗？"

提示：例一，舒适需求；例二，生存需求；例三，悲和怜以及舒适需求和生存需求。

五、巧换秒接

第五线巧换妙接的三个切入点分别是：替换模块、韵母相同、相似混淆。

（一）替换模块。通过替换原来句子中的某个模块或某几个模块，从而使句子出现幽默的效果。这个幽默技巧的使用往往会出现在我们大家比较熟悉的俗语、谚语、诗词之中。

例如：

三个臭皮匠，臭死诸葛亮！

原句：三个臭皮匠，顶个诸葛亮！

不要迷恋哥，哥只是个非主流！

原句：不要迷恋哥，哥只是个传说！

哥练的不是剑，是刀。哥练的不是寂寞，是胶州。

原句：哥练的不是贱，是寂寞！（寂寞和青岛下设的一个县级市即墨同音，青岛方言也叫"吉米"。胶州也是青岛下设的一个县级市，所以才出现了幽默的效果！）

再看以下几个例子，使用的同样是替换模块的技巧。

1. 生是他的人,死是他的吉祥物。
2. 俗话说,兵来土掩,水来将挡!
3. 开车无难事,只怕有新人!
4. 真的勇士,敢于直面自己未化妆的脸。
5. 小燕子,穿比基尼,飞到东来飞到西。
6. 天苍苍,野茫茫,吃完烤牛吃烤羊!

(二)韵母相同。说到韵母,我们小学时都学过,在此就不做解释了。韵母相同就是利用上一个句子最后一个字的韵母,让紧接着说话的句子最后一个字也有相同的韵母,形成押韵,最终达到幽默的效果。

熟悉我的人比较了解一点,我经常会写一些打油诗,就是用了押韵的技巧。这个技巧很简单,张口就能来。由于声母的不同,往往会有很多不同的押韵对答。

比如,张老师今天没洗头,这是上一句。你先不要往下看,你可以先想一下能否对出下一句来。

我想很多人都对出来了。接下来,我说下我对的:"张老师今天没洗头,远看就像刚焗了油。"在这个句子中,上半句最后一个字,头的韵母是 ou,下半句最后一个字,油的韵母也是 ou,所以出现了幽默的效果。

再比如,张老师今天没洗头,远看就像一只猴。张老师今天没洗头,不坐电梯却爬楼。这两句也都是利用了押韵。像类似押韵的句子太多,在此不做过多讲解。

下面,我就利用押韵技巧,送大家打油诗一首,希望大家好好体会,把这一技巧利用起来。打油诗如下:

新专辑自愿付费，开创先河让人醉。干货技巧一大堆，世人垂涎咽口水。越早付费越实惠，不付费的必后悔。付了费的都能会，独步天下群英跪。

再看以下几个例子，使用的同样是押韵的技巧。

1. 三个臭皮匠，头发一个样！
2. 执子之手，方知子丑！
3. 执子之手，将子带走。子说不走，关门放狗！
4. 执子之手，将子带走。子说不走，打晕拖走！
5. 鸳鸯相报何时了，鸯在一旁看热闹。
6. 把你的心他的心串一串，串一个牛肉串，串一个羊肉串！（这个句子单纯读，可能押韵的感觉不明显。如果能唱出来，押韵的感觉才会更明显。）

（三）相似混淆。一开始往往是由于口误出现了幽默的效果，后期也有人故意使用这些口误来实现幽默的效果。这个比较简单，我不详细讲了，直接给大家列举几个例子，一看就明白了。

例如：

1. 大学时，有次在学校食堂排队买饭，听见我前面的一个女生说："师傅，来碗'子弹菜花汤'。"
2. 在我上大学那个时期，化妆品还没现在这么多，所以大宝很普遍。我们隔壁班的一个男生，见到我们班一个女生在擦大宝，打招呼说："你皮肤这么好，还用护舒宝啊？"
3. 上周五，我和朋友出去吃午饭。在我们旁边坐着两个大学生。一个人问另一个："克林顿的老婆是希拉克吗？"
4. 我读高中时，我们的语文老师，说："请大家把书翻到120

块钱。"

5. 初三时，我们英语老师教我们语法，下课前问大家："我都讲完了，大家还有明白的吗？"我们齐声说："没有了！"

6. 高一时，我们班主任在一次班会上，怒斥我们上课不好好听讲的时候说："你们以后要是再这样，就别怪我翻脸不是人了！"

7. 办公室的薛老师得了感冒，嗓子疼。中午休息，他和张老师过来给我汇报工作。我对他说："感冒好点了吧，多喝点热水。"他说："王老师，我和你说，不知道怎么了，今天特别不舒服，我估摸着前列腺肿大了！"我和张老师都忍不住笑了。他也顿悟过来了，忙说："错了错了，是甲状腺肿大。"然后我们三个人一起大笑起来。

应对别人故意刁难的秘诀

如何定义故意刁难？故意刁难指我们这边没有任何过错，却无故受到别人的故意针对或找茬等。故意刁难属于明显矛盾的范畴，既然属于明显矛盾，那么我们需要使用接力打力的技巧。

接力共有四个切入点。我们在后面的章节中将会进行详细的讲解。接力的四个切入点分别为对人的肯定、赞美或关心，对双方关系的肯定或认可，对阶段的感同身受，对事情的积极态度。

我们在现实生活中使用接力技巧时，可以单独使用一个切入点，也可以叠加使用多个切入点。

打力的切入点有以下十个：多义取优、借第三方、问明原因、模糊应对、顺势夸大、表象回答、多去付出、以毒攻毒、绵里藏针、寻找蚁穴。

一、多义取优

中国的文化博大精深，我们讲的话往往都可以理解成好几种意思，但是在某种特定的环境下，只有一种意思正确。但是当这种意思，不利于我们回答时，我们就可以用其他对我们来说最有利的意思做答复，这就是多义取优。

例如：

有次英国首相丘吉尔正在做演讲，突然台下一个观众说："狗屎、垃圾！"丘吉尔镇静地微微一笑，用安抚的口气说："这位先生，不要太急，我马上就要谈到您刚提出的卫生脏乱问题了。"

我们来分析下这个例子。

很明显，对方是来砸场子的，来者不善。这属于故意刁难的范畴，所以需要使用接力打力的技巧。接力四个切入点分别是：对人的肯定、赞美或关心，对双方关系的肯定或认可，对阶段的感同身受，对事情的积极态度。

例子中丘吉尔的回答，"这位先生不要太着急"属于接力中对阶段的感同身受这一切入点，因为演讲的时间长了，每个人都很着急的；"我马上就要讲到你说的问题"属于接力中对事情的积极态度这一切入点。

这位听众在这种环境下说这句话的意思只有一个，就是对丘吉尔的演讲不满。

这时丘吉尔通过使用打力的第一个切入点多义取优的技巧圆满地解决了这个问题。狗屎、垃圾可以理解成多种意思，比如讲的内容很差，比如讲话的人很差，比如卫生问题等。不管是理解成讲的内容差还是演讲的人很差，都不利于丘吉尔的作答。这时对丘吉尔来说，最有利的是卫生层面的意思。因此丘吉尔故意将对方说的"狗屎、垃圾"理解为卫生问题，从而圆满地化解了对方的故意刁难，同时也展现了自己超高的情商和对事情的掌控力。

现在，我们在保持打力切入点多义取优不变的前提下，套用接力中的对人的肯定、赞美或关心和对方关系的肯定或认可两个切入点，效果也会非常好。

首先使用接力的对人的肯定、赞美或关心这一切入点，可以这么说："非常感谢这位先生的提示，我接下来就要讲到卫生脏乱的问题了。"

使用接力的对双方关系的肯定或认可这一切入点，可以这么说："毫无疑问，这位先生是我的支持者。所以请放心我一会就要讲到卫生脏乱问题了！"

为便于大家更好地理解多义取优这一切入点，我再分享一个故事：

在第50届金马奖颁奖礼上，黄渤和郑裕玲同为颁奖嘉宾。郑裕玲一开始问："你穿的是睡衣吧，因为我5年没来金马奖了，所以穿得很正式。"然后她又指出了台下的刘德华、梁朝伟等人也穿得很正式。其实我们都知道，在这种环境下，郑裕玲的意思可能是，你没有我有资历，我穿得这么正式，你却穿得这么随意，此外又提了几个知名的影星也都穿得比较正式做对比，你黄渤怎么解释呢？

这个时候黄渤的解释，其实是完全根据郑裕玲的话，用了多义取优的技巧。他只是解释了郑裕玲前半句的问题,因为你5年没来金马奖了,所以你穿得比较正式。但是我黄渤来了5年了,把这里都当家了,所以穿得比较随意。接着他又做了个补充,刘德华、梁朝伟他们和你一样,是客人,所以穿得正式。结果黄渤完美解决了问题。

在当时那种环境下,黄渤老师的回答确实很好。如果严格按照我们接力打力的技巧,黄渤老师的回答还有提升空间。因为接力的技巧没有使用,如果当时黄渤老师能有这个意识去使用的话,那绝对是秒杀。同时给人的感觉不仅是机智这么简单,而且还会让台下的观众认为郑裕玲太小气太较真,从而真正意义上实现接力打力的妙用!

二、借第三方

很多时候,明明是对方不讲理,或是对方明明知道是自己的问题,但却不承认,刁难我们。这个时候,我们千万不要和对方纠缠,否则对方很可能会根据我们不理智的回答,成功转移事情的关注点。这时我们应该使用接力打力技巧。接力技巧从四个切入点中选一个就可以。打力可以使用借第三方这一切入点。

例如:

小明的车和别的车出现了刮擦,是对方的全责,但是对方却不讲理,非要说是小明的问题。这个时候,小明可以说:"这位兄弟你先别生气,生气对身体不好!看你也是非常讲理的人。咱两个现在都身在其中,不能全方位去看这件事情,咱还是让交警过来处理,最终我们按交警的处理结果来解决这件事。"

以上的例子中,"这位兄弟你先别生气,生气对身体不好!看你也是非常讲理的人。"这句话属于接力技巧的对人的肯定、赞美或关心这一切入点。

"咱两个现在都身在其中,不能全方位去看这件事情,咱还是让交警过来处理,最终我们按交警的处理结果来解决这件事。"这句话属于打力中的借第三方这一切入点,借助交警的力量。现在是法治社会,法律会保护我们的合法权益,因此打力就是寻找第三方交警的帮忙。小明的做法不仅让对方得到了应有的处罚,更重要的是保护了自己。

三、问明原因

如果我们确实没有做错什么,对方却故意刁难我们,这个时候我们千万不要和对方纠缠,因为很可能会掉入别人的圈套中。对方很有可能会根据你不理智的应对,成功转移你或周围人当时的关注点。这时候即使你没错,也会让别人认为你有错。

这个时候我们应该怎么做呢?使用打力中的问明原因这一切入点会让对方的无理取闹不攻自破,公之于众。

例如:

2017年7月27日晚上9点04分,陈冠希发表微博,挂出林志玲照片,使用"BITCH""LIKE SHIT"等侮辱性言辞,并暗指林志玲有娱乐圈潜规则。该微博现已被删除。据台媒报道,林志玲通过助理回应:"完全不认识他,也不知道发生什么事,这几个礼拜每天都在工作,没接洽也不认识。"

这个例子中,假如林志玲知道陈冠希为什么骂她,但是出于各种原因，又不方便公开，那么林志玲对这个矛盾的处理还是可以的。她没有直接回骂，而是理性地采取了直接回避的方式，否认相识。

但是假如林志玲没有做错什么，也真的不知道陈冠希为什么骂她。那么林志玲的助理和公关团队完全可以使用接力打力的技巧，这样做不仅可以维护女神形象，彰显自身气质，还能靠自身的高情商回复收获更多粉丝。

我们根据林志玲当时的回复，结合打力中的问明原因这一切入点，将回复稍微做下改动，林志玲可以这么说：

非常感谢陈冠希先生的关注，我最近每天都在工作，也不知道发生什么事，我相信你这么表达，肯定是有原因的，能告诉我吗？

四、模糊应对

在某些场合下，我们的回答，没有必要非常精确，模棱两可一点，反而更有技巧，关键是能给自己留条退路。

例如：

有一位朋友做房地产做得很大。2017年5月份时，刚刚招聘了一个部门副总监。经过一段时间，他发现这位副总监能力一般，所以他就想把他辞退，但是直接辞退会多支付他很多的工资。因此他就在开会时，逐步引导这位副总监许下两周之内达不到业绩就引咎辞职的承诺，当然这个业绩是根本不可能完成的。

结果这位副总监毫不犹豫地答应了，最终不得不辞职。由此可以看出，这位副总监不仅工作能力欠缺而且也不知道给自己留条后路。

其实，这位副总监完全可以使用接力打力的技巧，接力可以从四个切入点中选择一个，打力可以使用模糊应这一切入点。他可以这么回应：

非常感谢各位领导对我们部门的关心，我相信我们部门在各位领导的带领下，一定会最快时间完成公司制定的任务指标，不让各位领导失望！

这个回应中，"非常感谢各位领导对我们部门的关心"使用的是接力的对人的肯定、赞美或关心这一切入点。"最快时间"采取了打力中的模糊处理这一切入，说是最快时间，有可能是一周，也有可能是三周，当然也可能是公司制定的两周。

你可能会接着问，假如公司接着追问具体的时间呢？

那么还是可以使用接力打力的技巧。接力依然从四个切入点中选择一个。打力还是进一步地使用模糊应对。他可以这么回应：

我知道各位领导也比较着急，但是这个项目需要协调的方面太多，我真的不能百分之百确定具体什么时间完成，但是我们肯定会尽全力，争取最快的时间完成！

"我知道各位领导也比较着急"使用的是接力的对阶段的感同身受这一切入点。"争取最快时间"采取的依然是打力中的模糊处理这一切入点。一般这么说，对方也不会再咄咄逼人了，如果还是让你表态，那么你就表明，我可以表态但是我保留自己的意见。

讲到模糊应对，我给大家讲一件亲身经历的事情，和接力打力无关，但是大家可以认真体会一下，你理解后可以瞬间增强你为人处事的能力！

一天晚上，一个朋友约着吃饭。期间，帮他做财务的公司发来语音，提醒他该交代理记账费用了。

朋友本来想和对方说："我今天就给你把钱打过去，你收到后注意查收下！"

我听完后，让我朋友取消了语音发送。朋友问："为什么？"

我说："因为我们需要给自己留后路，万一你今天非常忙忘记了怎么办？你已经给了别人确切的心理期望，是今天给人家打过去。但是你如果没实现，别人会认为你说话没分量，不守诚信。长此以往，后果是很可怕的。所以正确的说话方式应该是不具体，且表达恰当！"

朋友接着问："那么应该怎么说？"

我说，可以这么说："我会尽快给你把钱打过去，你收到后注意查收下！"

这个很简单，把确切的时间"今天"换为"尽快"，做了模糊处理，给自己留了后路。

五、顺势夸大

当我们碰到对方故意刁难时，我们可以沿着对方的话语进一步地夸大，一直达到某种荒唐的程度，从而让对方或旁观者清楚地知道对方言行的不妥当。强调一点，一般使用这个技巧时，对方的言行中会出现明确的时间或数字等。

例如：

克雷洛夫是俄国著名的寓言作家。一次，他与房东签订租房契约。"克雷洛夫先生，你可听好了，如果你因为用火粗心大意，致使房子起火，必须赔偿15000卢布。"贪心的房东要求道。

15000卢布，那可是一笔不小的数目。克雷洛夫正在迟疑时，房东又接着说:"你好歹也是名人,这点钱不会拿不起吧!"

然而克雷洛夫说:"我现在非常理解你现在的感受,那能不能在15000后再加上两个'0'。"这时房东出现惊喜的神色。克雷洛夫接着说:"先生,不要大惊小怪,15000卢布和1500000卢布对我来说都一样,反正我都赔不起。"

在这个例子中,克雷洛夫一开始说的"我现在非常理解你现在的感受",使用的是接力中的对阶段的感同身受这一切入点。"那能不能在15000后再加上两个'0'",使用的是打力中的顺势夸大这一切入点,说把15000,加上两个零改为1500000,从而让房主自己充分地认识到,一百五十万和一万五都是荒唐的,让人不可思议。

六、表象回答

有时面对别人的刁难,我们可以故意把我们做的事情所包含的表象且无厘头的意思告诉对方,让对方自讨没趣,知难而退。

例如:

北京奥运会上,来自陕西的小将秦凯初登奥运赛场,便与队友王峰配合夺得了"男子双人三米跳板"的金牌。在站到奥运会领奖台上的时候,秦凯激动地用嘴咬住金牌迟迟不放下去。

过后,有人故意问他:"秦凯,你迟迟不愿放下嘴中的金牌,是炫耀呢,还是得意忘形呢?"秦凯听后摇摇头,然后笑着说:"噢,我想看看这是真的还是假的。一咬,牙酸痛,是真的。但是我咬得太用力,又担心一放下崩坏了牙。"

在这个例子中,"我想看看这是真的还是假的"使用的是打力中的表象回答这一切入点。但是美中不足的是,没有很好地先使用接力的技巧。如果在保持秦凯原先的回答不变的基础上，加上接力的技巧，哪怕就是简单的一句"感谢你对我的关心和关注"，那么秦凯的回答就更经典了，回答的水平会提高好几个台阶。

七、多去付出

多去付出的意思是指让对方多去付出。

例如：

前段时间工商局要求公司三证合一，我就安排了同事去办理。当天下午的计划是准备全国巡讲的稿子，没想到效率大爆发，用了一个小时就准备完毕，所以就想去看看现在政府部门的办公效率和态度。说实话，政府部门人员现在的态度以及办事效率总体上提高了很多很多！

中间有一个30岁左右的年轻人，恰好也是要换证！他把所有的证件准备好了，接着又把它们用胶水粘到了一起，然后递到了工作人员手上！

工作人员看了下材料大声说："你怎么把它们粘起来了，又没有让你粘，你粘了之后我们怎么扫描，你不知道也不问一下。你这个没法办了，你回公司把它们分开，吹干以后明天再来吧。

年轻人尴尬地说："你们也没说，我又不知道。"

工作人员生气地说："不知道？你为什么不问下我们，你这样……"

两个人最终争吵起来了。

其实，如果这个年轻人对工作人员的态度不满意，想高水平维护自己，依据当时的情况他完全可以使用接力打力的技巧！他可以

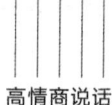

这么说：

大姐，你先别上火，这样对身体不好。我真是画蛇添足，本来吧是看你们很累，想给你们减轻点工做量来，就给粘上了。我估计以后肯定还会有其他人会像我这么做，所以为了以防万一，你们可以打印个注意事项。

这个例子中，"大姐，你先别上火，这样对身体不好"属于接力中的对人的肯定、赞美或关心这一切入点。"你们可以打印个注意事项"属于接力中的多去付出这一切入点。因为让对方这么做是有理有据的，并且还是体谅着说的，是发现工作人员很累，想给他们减轻工作负担。对方如果当面回绝，便会失了围观群众的心，如果她答应就会多做一件事情。

八、以毒攻毒

当面对别人故意刁难时，我们可以用对方使用的方式回击对方，以其人之道还治其人之身。

例如：

据说，有一位商人见到犹太诗人海涅，就对他说："我最近去了塔希提岛，你知道在岛上最能引起我注意的是什么？"海涅说："你说吧，是什么？"商人说："在那个岛上呀，既没有犹太人，也没有驴子！"

海涅回答说："那好办，要是我们一起去塔希提岛，就可以弥补这个缺陷了。"

在这个例子中，商人说："在那个岛上，既没有犹太人，也没有驴子！"这句话是明显的刁难，明知道海涅是犹太人，还故意把犹太人和驴相提并论。"那好办,要是我们一起去塔西提岛,就可以弥补这个缺陷了。"这句话使用的是打力中的以毒攻毒这一切入点。商人侮辱海涅在先,海涅把商人比作驴子,以其人之道还治其人之身。

如果使用接力的技巧,"那好办"改为"你这个发现确实挺有意思"就更加完美了。

使用了接力技巧的回答不仅可以很好地彰显我们的气质,凸显我们和对方的不一样,而且还可以通过打力的技巧让对方受到惩罚。

九、绵里藏针

丝绵里面藏着针,也就是说我们回答的话语要柔中有刚,让对方知难而退。

例如:

一位美国记者在采访周总理的过程中,无意中看到总理桌子上有一支美国产的派克钢笔。那记者便以带有几分讥讽的口吻刁难道:"请问总理阁下,你们堂堂的中国人,为什么还要用我们美国产的钢笔呢?"周总理听后,朗声笑着答道说:"你的眼光还是非常不错的。谈起这支钢笔,那可说来话长,这不是一支普通的钢笔,是一位朝鲜朋友的抗美战利品,作为礼物赠送给我的。我无功受禄,就想谢绝。朝鲜朋友说,留下做个纪念吧。我觉得有意义,就收下了这支贵国的钢笔。"

这个例子中,"你的眼光还是非常不错的"是接力中对人的肯定、赞美或关心这一切入点。"这不是一支普通的钢笔……就收下了这支贵国的钢笔"属于打力中的绵里藏针这一切入点,绵是指美国的派克钢笔,针是指这支美国派克钢笔是抗美援朝的纪念品。周总理的这一教科书般的回应不仅让美国记者哑巴吃黄连，更彰显了我们的大国风范。

十、寻找蚁穴

"千里之堤，溃于蚁穴。"这句话的字面意思是千里长的大堤往往因蚂蚁洞穴而崩溃。而用在打力上，是指在谈话过程中，我们只要找出对方谈话中的一个突破点就可以了。

正常的沟通交流过程中，不会给我们很多的思考时间，假如对方已经开始对你刁难，你一时也没有想起已经讲过的其他九个切入点，那么你可以使用寻找蚁穴这一切入点。

例如：

在金马奖上，蔡康永指正黄渤说："这是我家，不是你家。"黄渤说："你也不是一个人在战斗，你背后还有一匹马。"

当时时间紧张，黄渤老师暂时没有更好的应对策略，就使用了接力中寻找蚁穴这一切入点。黄渤老师的意思很明白，就算你蔡康永说得对，那也应该还有一匹马才对，你刚才忘说这一匹马了，至此成功解围。当时那种环境下，黄渤老师确实应对得很好。如果严格按照我们接力打力的技巧，黄渤老师可以这样回应：

不得不说，永哥很幽默。不过，你也不是一个人在战斗，你背后还有一匹马。

"不得不说，永哥很幽默。"这句话使用的是接力中对人的肯定、赞美或关心这一切入点。

巧妙化解尴尬的技巧

如何处理尴尬问题？巧妙化解尴尬的技巧共有四个板块：尴尬预答、化解技巧、话后反思、执行完善。

一、尴尬预答

这个板块的内容，我们在前面的章节中已经做了详细的讲解。如果你忘记了，请现在翻阅回主导话题的章节仔细研究学习，在你复习完尴尬预答的技巧后，再返回本章接着往下学习，否则会有技巧点的断层。

二、化解技巧

很多时候，我们并不是违反了规定，而是突然遇到了尴尬的情况，这个时候就要使用我们的化解技巧了。化解技巧有七种方法：转移话题、自贬自嘲、幽默接话、走为上策、笑里藏刀、延续谎言、接力打力。

（一）转移话题。这方面的内容我们在前面的章节中已经详细地讲过，一共有四个切入点：假痴不癫、树上开花、瞒天过海、浑水摸鱼。如果你忘记了，请翻到前面章节再看一遍，在此不做赘述。

（二）自贬自嘲。自贬自嘲有六个切入点：

1.道歉+调侃引起问题的原因+安抚。由于自己的原因，造成不好的结果，比如惹对方生气了，最好的方法就是，不要死要面子活受罪，你可以采用自我调侃的方式来化解当时的局面。

例一：

你说了不该说的话，冒犯了对方。这个时候化解尴尬你可以这么说："不好意思，你看我这张嘴，总是说话不经过大脑，口无遮拦，你可千万不要放在心上呀。"

例二：

你刚才说出了令对方感觉不好的脏话，你可以使用这个切入点："抱歉，我这个文化水平低绝对是个问题，不自觉就会说脏话，请见谅呀。"

在这个例子中，"抱歉"是道歉；"我这文化水平低绝对是个问题，不自觉就会说脏话"是调侃引起问题的原因；"请见谅"是安抚。

例三：

你刚才一时没有控制好，和对方起了争执，场面尴尬。你可以这样说："对不起，我刚才有点激动，都有点像斗鸡了，你不要和我一般见识呀。"

在这个例子中，"对不起"是道歉；"我刚才有点激动，都有点像斗鸡了"是调侃引起问题的原因；"你不要和我一般见识"是安抚。

例四：

有时我们答应别人要办一些事，但是事情一多就忘记了，当对方突然问起时，就会很尴尬。这个时候，我们可以这样说："不好意思，我这脑子最近都浆糊了，竟然把你的事情给忘了，你放心，我马上给你办。"

请你自己试着分析这个例子中的道歉、调侃引起问题的原因和安抚板块内容。

当我们忘记答应过别人的事情时，虽然使用我们讲的这个切入点可以化解尴尬，但是也会给对方留下不好的印象。如果想避免这一点，你可以向对方表示，自己没有忘记，只不过是出了点小插曲，但是不影响整件事情的进度。

你可以这么说："我正想和你说呢，事情有点小波折，可能比预计的耽误点时间，不过你放心，我已经安排好了。"

例五：

对方答应今天还你的钱，但是到了时间没动静。你提醒完对方后，对方第一种回应："不好意思，最近太忙，把这个事情给忘了，我马上安排把钱打给你。"

对方第二种回应："不好意思，钱上出了点小问题，我正和其他人在借钱，你放心我肯定遵守承诺，按时给你的。"

第一种回应我们会认为对方没有把事情放在心上，虽然已经道歉并处理，但是如果对方再次找你借钱，你会有所顾虑，担心对方会忘记还钱。而第二种回应我们听完心里会很舒服，觉得对方做事很积极，如果对方下次再和你借钱，条件允许的情况下，你可能会再次给予对方帮助。

2. 尴尬情况 + 和对方关联的好的联想。

例一：

有位秃顶将军与他的士兵联欢的时候，一个士兵在跳舞时不慎把一杯酒泼翻在将军头上。但将军没有因此生气，而是慢慢地拿出手绢擦了擦,然后笑着对士兵说:"老弟,我什么都试了,就是没用过酒。你认为这样我的头发会长出来吗?"

众人听完后开怀大笑,联欢会继续进行。

例子中,秃顶将军的头被撒上了酒就是尴尬情况。"我什么都试了,就是没试过酒。你认为这样我的头发会长出来吗?"这句话是和对方关联的好的联想,将军认为士兵是为了帮助自己长出头发,不仅化解了自己和士兵的尴尬,同时也彰显了自己的风度。

例二:

有次我去科技大学给研究生做报告,我从主席台下来,走下去互动的时候,被地毯绊了下,不过好在没摔倒。这很尴尬吧,当时我就是使用了这个切入点,我是这么说的:"不得不说,大家对知识的渴望太强烈了,我都有点hold不住了。"

台下的师生听完后掌声一片。

请你自己试着分析这个例子的尴尬情况以及和对方好的关联的联想板块的内容。

3. 尴尬情况 + 符合的术语、熟语、谚语等。

例如:

希腊哲学家苏格拉底的妻子是个泼妇,脾气很暴躁,而苏格拉底总是对周围人自嘲道:"讨这样的老婆好处很多,不仅可以锻炼我的忍耐力,而且还可以加深我的修养。"有一次,苏格拉底又惹老婆生气了,三十六计走为上策,就直接离家出走了。刚走到楼下,他妻子突然从楼上泼下一盆凉水来,正好倒在他身上,当时旁边还有围观的人,场面非常尴尬。苏格拉底此时就使用了这个切入点:"我早就知道,响雷过后必有大雨,果然不出我所料啊。"

这个例子中，尴尬情况自然是苏格拉底被骂还被泼了凉水。"响雷过后必有大雨"属于符合的熟语。

4.尴尬问题 + 符合的修辞性言语。

例如：

一个人上台讲话前特别紧张，他跟身边的人说："你看看，我只要一走上讲台讲话，就像收音机快没电了似的，声音很小，哎呀，真没办法。"

这个例子中，上台讲话声音小就是尴尬问题；"像收音机快没电了似的"属于符合的修辞性言语。

5.尴尬情况 + 失误演示 + 温馨提示。这个切入点一般用于熟人之间或者长辈和晚辈之间。

例如：

我考驾照时，刚练习完科目三，教练开车带着我们去吃饭。前面要拐弯，所以需要提前变道。教练熟练地打了转向灯，但是没有看反光镜，差一点和后面的车刮擦。

然后教练说："大家看到没，有时候我都会大意忘记看反光镜，所以你们一定要把它记在心里，千万不要出错，否则后果会很严重的。"

这个例子中，因为教练变道没看反光镜而差点发生刮擦是尴尬情况；"大家看到没有，有时候我都会大意忘记看反光镜"属于失误演示；"你们一定要把它记在心里，千万不要出错，否则后果会很严重"属于温馨提示。

6.直接说出自己的缺陷。不得不说，有时我们在身材、外貌、言行举止甚至名字等方面出现了一些小的不足，有可能会被别人提起。为了避免出现这种令人尴尬的情况，我们可以直接说出自己的缺陷。

例如：

有一个天津的朋友，姓叶，单名一个曼字。以前每次自我介绍时，都会有人说，你是不是真的很野蛮。她听完就会很生气，有时甚至会和对方吵起来。

她问我怎么解决这个问题，我说："你可以在介绍完之后，和对方说：'虽然我叫野蛮，但是其实我一点都不野蛮。都说起名字时，缺什么补什么。可能当时我父亲看我太温柔了，所以希望我野蛮一点，以免我受到伤害，所以才会给我起这个名字。但是江山易改，本性难移，我依然是那么的不野蛮。希望大家以后多替我撑腰，谢谢！'"

这就是直接说出自己的缺陷的应用。有段时间，网友都评论范冰冰太胖，但是自从范冰冰称自己"范小胖"后，大家就几乎不提这个点了。

（三）幽默接话。使用幽默接话来化解尴尬的情况在日常生活中很常见。关于这一点，我们在前面的章节中详细地讲过，核心方法是五线三点法。

（四）走为上策。正所谓："敌势全胜，我不能战。则：必降；必和；必走。降则全败，和则半败，走则未败。未败者，胜之转机也。"所以，有时我们碰到了尴尬的状况，完全可以用走为上策这个切入点。

例如：

不好意思，我突然想起来还有件特别着急的事要处理，需要先走了,等有时间我们再详细聊。

与这个例子中类似的话语都是走为上策方法的使用。

(五)笑里藏刀。在我们被别人当众揭短的时候可以使用这种方法。这个时候,大家记住一点,千万不要和对方杠。如果你这么做了,你不仅自降身价,而且可能会陷入对方设好的圈套中,最终后悔。

我们需要做的是:面带微笑,用两只眼睛紧紧盯住对方的一只眼睛。这样做既可以显示自己的高素质,也可以让对方摸不透你,知难而退,从而巧妙化解尴尬。

如果你碰到了特别难缠的人,或者想在谈判过程中处于主动地位,达到不战而胜的目的,你可以把对方当成独眼龙,用两只眼睛紧紧盯住对方一只眼睛,那么对方出于本能会回避你的眼神或者看其他东西,并且会产生恐惧害怕的心理,这时你的目的就达到了。

例如:

前段时间,我去家具店给我家宝贝买床。家具店老板的孩子正好也在店里,是一个小男孩,大约七八岁的样子,非常调皮。每个顾客进店里后,他都会拿着一个长杆子挡在对方前面,让对方顶着杆子过去。因为顾客都是大人,所以没人去招惹他,这个男孩玩得不亦乐乎。

当他发现我进门的时候,就把注意力放到我这里了。我走到哪,他就把杆子放到哪。我肯定不能和一个孩子一般见识。于是我就用两只眼睛紧紧盯住他的一只眼睛,没几秒钟,这个小男孩就带着他的杆子跑去找别人了。

(六)延续谎言。被对方撞破刚刚撒的谎应该是最尴尬的事情了,这种尴尬最好的缓解方式就是用另外一个谎言来把前一个谎言圆上。所以,不到万不得已的时候我们都不要撒谎,一个谎言要用另外一百个谎言来圆,那这另外一百个谎言应该用什么来圆呢?

例如:

小李想要邀请你晚上一起吃饭,但是你不想去,所以你以晚上要陪某个客户吃饭拒绝了对方。无巧不成书,晚上你和小张一起去餐馆吃饭又恰好碰到了小李。这个时候你就需要使用这个方法了,你可以这么说:"小李,你也来这个餐馆了呀,刚才我的客户通知我有事情不来了,本来想告诉你的,但一想到你可能有别的安排,就没跟你说,这不就约着小张一起来这儿了。来,咱们喝一杯。"

这个例子中的处理方式是那种情况下最合适的处理方式。当然,如果你觉得无所谓,也可以坐在那里让小李随便去想,或者直接告诉小李:"我就是不想和你一起吃饭才故意说要见客户的。"这样你不仅没解决尴尬问题,而且以后还可能会多一个敌人。

(七)接力打力。接力的切入点有对人的肯定、赞美或关心,对双方关系的肯定或认可,对阶段的感同身受,对事情的积极态度。打力的切入点有多义取优、借第三方、问明原因、模糊应对、顺势夸大、表象回答、多去付出、以毒攻毒、绵里藏针和寻找蚁穴。

如果你想加深印象可以将书翻回对应章节再看一遍。

三、话后反思

话后反思有两个注意事项:

(一)聊天结束后,聊天中有待改进的地方,写到手机备忘录中;回到家再把它写到一个专门的笔记本上;晚上睡觉时,再回想一遍;每周翻一次笔记本,看之前的记录。

（二）前期说话方法使用过程中，可能会出现很多问题。不要气馁，随着使用次数的增多，你会发现，需要总结反思的东西会越来越少。

四、执行完善

反思总结完之后，需要把反思总结应用到实际聊天中，然后再反思、应用。我们要按照"不三过"的原则来执行完善，同一个错误可以犯一次、两次，但是坚决不允许自己犯第三次。如果犯了，你需要自己惩罚自己。

批评人也不伤和气的技巧

我们都会尽量避免批评别人，但在某些情况下批评别人这种得罪人的事情我们还必须要去做。但是我们发现，很多人由于不懂得批评别人的正确方法，导致出现了一些不好的结果，被批评的人非但没有积极去改正自己的错误，而且还出现了委屈、不满甚至怨恨的情绪。

想要批评人又不得罪人，你需要掌握正确批评别人的六大原则和八大公式。熟练使用这六大原则和八大公式不仅能让被批评者积极地去改正自身的不足，而且还能够加深批评者与被批评者双方的感情，达到一箭双雕的效果。

首先我们要认识批评的核心，批评的核心是给予。给予有两个方面，一方面是物质，一方面是精神。物质比较好理解，一切有形且有利于对方的东西，比如手机、水果等。精神，主要指无形但有利于对方的话语，比如赞美、关心等。

给予这个原则贯穿在我们接下来要看到的每一个原则和公式中。

一、批评别人的六大原则

（一）理解原则

理解原则是指在批评别人之前，我们要认为对方犯错是无意的，或者对方已经意识到自己犯错了并已经开始了自责。所谓思路决定出路，这样我们才可以在批评对方时，不会因一时兴起，把我们讲的原则和公式丢到一边，导致达不到此次批评的目的。

（二）天地人原则

这个原则包含三个部分：天、地、人。

1. 天。天是指要考虑到批评的时机是否合适，有三层含义：

（1）不要在对方气头上去批评对方。在对方气头上去批评对方，即使用我们的八大公式，效果也会大打折扣。

（2）要及时批评。当对方犯错时，我们要及时指出对方所犯的错误，否则时过境迁，对方已经忘记具体事情了，这样不仅批评的目的达不到，我们还会得一个"翻旧账"的"美名"。

（3）利用最佳的机会。如果对方刚升职或加薪，或者对方主动让你提建议，这个时候你再运用八大公式去批评对方，必然会有事半功倍的效果。

2. 地。地有两层含义：

（1）尽量不要在人多或公开的场合批评别人。

（2）不要在两位有矛盾的人面前，批评其中一位。这样会让被批评的一位认为你的批评是特意针对他，故意让他出丑，这样的批评会起到相反作用。

3. 人。人有三层含义：

（1）尊重被批评的人。

（2）不揭别人的伤疤。

例如：

有个人刚和自己的妻子离了婚，你在批评对方时说："难怪你妻子和你离婚，一点责任心都没有。"

像例子中这么说，就违反了不揭人伤疤的原则了。

（3）对事不对人。现实生活中，很多人在批评时都会因违反这个原则而引起对方的反感。

例如：

你怎么这么笨？你是不是傻？你是不是有病？你人品有问题。

这些都是把批评的对象指向了人，必然不会得到很好的效果。

（三）翻篇原则

我们要学会改变气氛。批评时对事不对人，所以批评完对方，再遇到对方的时候，你要保持和没有批评对方时的态度一样。也就是，批评结束就翻篇，不让批评的压抑气氛一直跟随着你。然而现实生活中，人们往往都会犯这个错误，批评完对方，再遇到对方时感觉怪怪的，也不打招呼，气氛非常尴尬。

（四）简洁完整原则

简洁完整原则有两层含义：简洁明了和完整。

1. 简洁明了。不要在批评别人时长篇大论，否则会让对方抓不住重点，反而会对你产生抵触情绪。

2. 完整。我们会讲到很多的批评公式，批评别人时我们按照批评公式进行，就可以实现完整这个原则。

（五）反思进步原则

反思进步原则是指你在批评别人之前，要自己想一下，自己在这个方面做得如何，有则改之，无则加勉。怕就怕你自己做得都不好，还去批评别人，那么就很难让对方接受你的批评。

（六）注重个性原则

注重个性原则是指在批评对方时需要具体问题具体分析，不能使用一些共性的词语，否则会引起对方的反感，起到相反作用。

例如：

有同事偶尔一次迟到了，你说，你总是迟到！你每次都迟到！

这个例子中的"总是""每次"就是共性词语。你可以说"你这次迟到"。"这次"是个性词语。

二、批评别人的八大公式

（一）批评内容 + 建议 + 展望未来。

1. 批评内容。这个板块是这个公式的核心，有九个切入点：

（1）开门见山。直接说出对方需要注意和改正的地方。

例如：

你今天上午迟到的事情，必须要反省下了！

如果像例子中这么说，对方必然会经常迟到。但是我们要遵循个性原则，不能说"你总是迟到"，所以就使用了个性词"今天上午迟到"。

在使用开门见山的时候,可以用不同程度的词来表示批评的严厉程度。

例如:

①你今天上午迟到的事情,必须要反省下了!

②你最近连续迟到好几次了,必须要好好反省下了!

③你最近这段时间迟到了很多次,必须要深刻反省下了!

这个例子中,由"今天上午迟到"到"最近连续迟到好几次",再到"最近这段时间迟到了很多次",批评的严厉程度明显在加强。相同的,由"反省"到"好好反省",再到"深刻反省",批评的严厉程度也是在加强。具体使用哪种严厉程度,可以根据对方所犯错误以及造成的后果来决定。

(2)句末反问。

例如:

只有多抽出时间去记忆讲过的公式,才可以做到烂熟于胸,使用时才可以信手拈来!你说是吗?

这个批评的例子是针对部分朋友,这些朋友既不想去花时间记住公式,又想提升自己的口才。例子中的"你说是吗"就是句末反问,类似的句子还有"对不对""是吧"。

(3)商量语气。

例如:

你是不是应该先抽时间把你已经错过的高情商说话课程补上,再看下这个问题能否解决?

这个批评是针对后期加入口才学习群的朋友,他们生活中遇到了一些问题,比如,如何委婉拒绝别人?如何在谈话时主导话题？如何说服别人？如何与别人快速聊到一起？如何在酒桌上交谈？等等。

其实，这些问题的解决方法，我都已经讲过了，并且也都把他们错过的高情商说话课程发到他们邮箱里了，还提示他们有时间先将错过的课程补上，但是他们却没有看，这时候就需要用商量语气这一切入点来批评了。

（4）推理荒谬。这个比较好理解，就是根据对方的观点进行进一步的延伸，从而证明对方的观点是错误的，让对方意识到自身的错误。

例如：

有一次我批评我小姨家的表弟粗心，他说自己不是有意的，不应该批评他。我说："按照你的逻辑，有人开车撞伤了另一个人，只要不是故意的，就不需要接受法律的处罚了吗？"

他若有所悟，点点头承认了自己粗心。

（5）完美期盼。

例如：

小明，你今天的报告写得非常好，对待工作也一向非常积极，是很多同事学习的榜样。如果你能再做到上班不迟到，那么就更完美了。我非常期待更完美的你，能够成为公司所有人的榜样，带动和影响我们更多的同事。

在这个例子中，"如果你能再做到上班不迟到，那么就更完美了。"这句话使用的就是批评内容中的完美期盼这一切入点。这个例子属于批评别人的第二个公式，在讲到第二个公式时，会有详细的讲解。

（6）相互比较。这个切入点在使用时，侧重于被批评者的自我对比。比如小明最近总是迟到，我们在批评他时，可以和他以前不迟到作对比。再比如小明最近工作总是出错误，那么我们可以和他以前工作认真作对比。

（7）摆事实。常用的方式有两种：

①客观的要求。比如你想批评小明成交的客户很少，你不能说："你根本不会谈客户。"而应该说："你这个月成交了20个客户，而我们单位每月的最低成交标准是30个人。"这就属于摆事实。

②举出实例。

例如：

你批评小明迟到，小明表示不服，说小张也经常迟到。你可以告诉小明小张家里有特殊情况，母亲病了，每天要去医院照顾母亲。或是抽机会直接带着他去医院看下，让他自己找你认错。

（8）分析利弊。具体指出对方某种行为的弊端，让他自己放弃。

例如：

我上小学的时候，我们村有户人家的父亲，在外出赶集时，不幸被隔壁村的人开车撞死了。他的儿子知道后，悲痛欲绝，非要拿着菜刀要把那人杀了。当时我们村的一位老前辈是这么劝他的："你去吧，你把他杀了，你肯定也会被判死刑。到时谁来养你妈？谁来管你的老婆和孩子？这么大的人了，处理事情还这么幼稚。给我把刀放下。"

然后周围的几个人就把他手里的刀抢过来了。

这个例子中，"你把他杀了，你肯定也会被判死刑。到时候谁来养你妈？谁来管你的老婆和孩子？"这就是帮助这个人分析利弊，让他认识到他这样做是弊大于利的,他就自动放弃了。

(9)理解式批评。理解式批评是指帮对方找出犯错的客观原因,让对方主动意识到错误,从而积极改正。

例如:

有次薛老师给我递交下一周的日程安排表时,我发现有处地方写错了。我是这么说的:"薛老师,可能你刚负责这一块,对于有些安排还不是太熟悉。刚才我看了你给我的日程安排,周三的安排与实际有点偏差,你再电话核实下,然后再打印一份给我送过来吧。"

例子中的"可能你刚负责这一块,对于有些安排还不是太熟悉"就是帮对方找出犯错的客观原因,是对对方犯错误的理解。

2. 建议。在建议时要以平和的语气,切记不能以高高在上的语气告诉对方。要让对方知道,我们是切实为对方考虑的,这样可以让对方更好地接受我们的建议。

3. 展望未来。这个版块我在后面章节中会有详细的讲解。在批评别人的公式中,展望未来侧重于引导对方按照我们的建议改掉自己不足后出现的美好结果,目的是让对方更好地认识到自身的不足,更愿意接受我们的建议,最终达到批评的目的。

(二)赞美+批评内容+展望未来。

例如:

小明,你今天的报告写得非常好,对待工作也一向非常积极,是很多同事学习的榜样。如果你再能做到上班不迟到,那么就更完美了。我非常期待更完美的你能够成为公司所有人的榜样,带动和影响我们更多的同事。

这个例子中,"你今天的报告写得非常好,对待工作也一向非常积极,是很多同事学习的榜样。"这句话是赞美的内容。具体怎样赞美别人我们会在后面的章节中详细讲解,在此不展开。

"如果你能再做到上班不迟到,那么就更完美了。"这句话是批评内容,使用的是完美期盼这一切入点。

"我非常期待更完美的你,能够成为公司所有人的榜样,带动和影响我们更多地同事。"这句话是展望未来的内容。

(三)赞美+批评内容+赞美+展望未来。这一公式和上一个公式相比,在批评内容后面多了一个赞美的板块。当然这个赞美板块的内容,也需要按照我们巧妙赞美别人的公式来进行。我们还是使用刚才的例子,如果使用这个公式,完整的内容是这样的:

小明,你今天的报告写得非常好,你对待工作也一向非常积极,是很多同事学习的榜样。如果你能再做到上班不迟到,那么就更完美了。我听其他同事说,你上周负责的接待工作,也做得非常到位,说明你的工作能力确实值得肯定。我相信凭你的能力,肯定会全力克服迟到这个问题,成为咱们单位的完美榜样!

在这个例子中,"我听其他同事说,你上周负责的接待工作,也做得非常到位,说明你的工作能力确实值得肯定。"这句话是第三个板块赞美的内容。其他板块和第二个公式是一样的,不做赘述。

(四)批评内容+令我尴尬+展望未来。

例如:

小明,我知道你刚搬了家,离单位比较远,还没适应过来。但是你这连续几次都迟到了,确实让我很难办。批评你吧,你作为老员工了,以后不好带新人。不批评你吧,又会让其他同事不服,认为不公平。现在确实让我很为难。所以,我希望你能站在我的角度考虑下,然后从明天开始全力克服迟到的问题,成为咱们部门的完美员工!

在这个例子中,"小明,我知道你刚搬了家,离单位比较远,还没适应过来。"这句话是批评内容,使用的是理解式批评这一切入点。"你这连续几次都迟到了,确实让我很难办。批评你吧,你作为老员工了,以后不好带新人。不批评你吧,又会让其他同事不服,认为不公平。现在确实让我很为难。所以,我希望你能站在我的角度考虑下。"这句话是令我尴尬的内容。"从明天开始全力克服迟到的问题,成为咱们部门的完美员工。"这句话是展望未来的内容。

(五)自我批评+树立榜样+促进对方自省。不得不说,有时候我们引导对方认识到自己的不足,比我们直接批评对方的效果会更好。这个公式核心是自我批评。

例如:

2015年时我提倡单位每天下班前10分钟都要将今天的工作总结和第二天的工作计划发到我们的工作群中。刚开始时,每个人都按时发送并且写得非常认真。大约三周后,开始出现偶尔有人忘记发的情况,有的人即使发了,也属于应付。

当时我就刻意有一天没有发送,然后第二天写了一份2000多字的检讨书,并且给每个人发了一个200元的红包,作为自己忘记的惩罚。从那之后,我们单位的每个老师都按时并且积极地对待这个事情了。

(六)委婉提示+进一步的提示+正式的警告+原则性淘汰。

例如:

在2015年9月的一期线下特训营期间,有位学员第一天就迟到了。这个时候，我是让助理老师这样跟他电话沟通的："王老师说，不管你到什么地方了，都不要着急，慢慢开车，安全第一。"

第二天，这位学员依然迟到了。我是让助理老师这么跟他电话沟通的，首先问他到什么地方了，然后和他说，我们先开始复习以前学过的内容，你不要着急，慢慢开车，新的内容等你来之后，再开始学习。

到了第三天，这位学员准时到了。当时，我就问其他学员们，如果他今天仍然迟到怎么办？有说打电话提醒的，有说干脆不让他上课的。我告诉学员："很简单，让他罚站，为什么呢？他总是迟到，不放在心上，浪费的是大家的时间，如果再不罚他，其他学员以后也会迟到，因为大家会想反正迟到了也不会有什么损失，老师和同学都会等着我。"

假如他第四天又迟到了，他就会被劝退。

在这个例子中，学员第一次迟到时，助理说的"不管你到什么地方了，都不要着急，慢慢开车，安全第一"就是委婉提示，提示对方已经到上课时间了，你已经迟到了，但表面意思却是在关心对方，让对方注意安全。这样的委婉提示会让对方愧疚自己的迟到。

第二次迟到助理说的"我们先开始复习以前学过的内容，你不要着急，慢慢开车，新的内容等你来了之后再开始学习"就是进一步的提示，进一步的意思是指我们不会像第一次迟到一样，一直等着对方，而是要让对方有所损失。在这里，对方损失的是"复习以前学过的内容"，是对方可以接受的损失。这样可以让对方更清晰认识到自己迟到的后果。

假如第三天他依然迟到，就让他罚站，这就是正式的警告。我们所处的是个人情社会，什么都会讲人情，但是，再一再二不再三。同样的错误到了第三次，就必须惩罚来给与警告。

这个例子的主人公是学员，由于身份关系的原因，罚站就是正是警告，不会有语言的正式警告。假如相同的事情发生在公司里，我会在他受惩罚的第二天，跟他单独讲一下为什么要惩罚他，同时问他连续迟到的原因，并且会告诉他这是最后一次，再有下次就只能将他劝退。在对方接受惩罚后，私下沟通并告诫这是最后一次，就是正式的警告。

当相同的错误连续犯到第四次，他就会被淘汰出局。并且在你这么做之后，你的团队成员都会认为是他的问题，因为你已经给他留了面子，也给了他好几次机会，是他自己一而再再而三地犯错误，是自作自受。不仅如此，他们还会认为你这个领导有情有义，值得跟随。你的团队的凝聚力和向心力就更加强大。

只要用好高情商说话公式，问题就是机会。

（七）正面引导＋展望未来。正面引导是指，要充分的理解和尊重对方，不是直接地指出对方的不足，而是采取对方可以接受的方式来解释正确的事情，进行正面的引导，从而让对方充分意识到自己的不足，自己改正。

例如：

我记着在我读初一的时候，学生中非常流行拉帮结派和约架。虽然学校对拉帮结派和约架的同学都进行了严肃处理，但这种行为依然没有减少。在一次级部会议上，我们的级部主任亲自给全体学生做了一个讲座。讲座的主题是什么才是真正的强大，以及如何强大。

很多同学在听完这个讲座后思想发生了变化，对于拉帮结派和约架的行为有了正确的认识，以前盲目跟风的同学也意识到了自己行为的幼稚，开始努力学习了。

这个例子中的讲座就是正面引导，级部主任没有直接批评或者惩罚这些拉帮结派和约架的同学，而是说出正确的行为，让这些拉帮结派和约架的同学自己领悟和改正。

（八）表夸内贬 + 肯定赞美 + 展望未来。这个公式使用的对象：头脑聪明、反应敏捷、接受能力强、自尊心很强以及地位很高的人。

例如：

歌德在点评雨果的剧本《玛利安·德洛姆》时是这么说的："……在这种情况下，我们只能看出一个优点，就是作者对细节描写很擅长，这当然还是一种不应小看的成就。"

在这个例子中，"在这种情况下，我们只能看出一个优点，就是作者对细节描写很擅长。"这句话属于表夸内贬，真实的意思是雨果太过注重细节了，导致剧本繁琐。

"这当然还是一种不应小看的成就"是肯定赞美。如果要加上展望未来的板块可以这样说：

在这种情况下，我们只能看出一个优点，就是作者对细节描写很擅长，这当然还是一种不应小看的成就，相信雨果先生可以写出更加精彩的剧本。

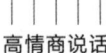

三　别让不好意思变成你的绊脚石

委婉拒绝别人的三种公式

你有没有遇到过这种情况：同事让你帮忙做他应该做的工作，你明明想拒绝却说不出口，最后只能答应；亲戚朋友找你借钱，明明知道很有可能要不回来，但就是不好意思不借……很多人都觉得拒绝别人太难了，甚至根本就不会拒绝。

学会高情商说话公式，拒绝别人一点也不难，不仅让你能够轻松开口说"不"，还会让被你拒绝的人感谢你。

委婉拒绝别人一共有三个公式：

一、接力+缓力+歉意或感谢

这个公式可以应对绝大多数的拒绝场合，能够把拒绝产生的不利影响降到最低。

（一）接力。接力的目的是对另一方情绪的前期安抚，接力有四个切入点：

1. 对人的肯定、赞美或关心。
2. 对双方关系的肯定或认可。
3. 对阶段的感同身受。

4. 对事情的积极态度。

我们在实战中使用接力时，可以单独使用一个切入点，也可以叠加使用多个切入点。

（二）缓力。缓力的目的是对另一方的请求给予委婉的拒绝。所以缓力的切入点常用的有六个：

1. 延长答复是指虽然不立即回复对方，但是要给对方一个确切的回复时间。

2. 提高对方是指拿对方和自己做比较，夸对方的同时贬低自己。

3. 借人与物是指把最终的拒绝责任转给他人他物，即使最后拒绝了对方，也不是我们的意愿。

4. 对方立场是指让对方认为我们站在对方的立场考虑问题，为对方着想。

5. 模糊应对是指不给对方具体时间、态度等，模糊处理。

6. 转折原因是指告诉对方虽然你非常想帮他，但客观原因不允许。

我们在实战中使用缓力时，可以单独使用一个切入点，不过叠加使用多个切入点的情况往往也比较多。

（三）歉意或感谢。歉意的目的是让对方看到我们委婉拒绝的真诚，给委婉拒绝画一个句号。注意一点，如果我们缓力使用的是延长答复这一切入点，那么接下来就不需要有歉意这一板块。

此外，隐形拒绝也可以不加歉意这一板块。所谓隐形拒绝，就是让对方感到我们给予他肯定答复的可能性很小。

为什么这个公式的最后一个板块是歉意或感谢呢？因为对方有时并不是有求于我们，而是想要和我们一起共谋某件事情。对于这类事情，我们就需要加上感谢。因为有些时候，对方的出发点确实是好的，这也算是我们给自己留条后路，不排除对方后期会提出让我们心动的计划的可能。

现在我们结合具体的实例来深刻地剖析下接力和缓力各个切入点的具体使用方法。

例如：

有一天，你的同辈或是晚辈、下属等，突然说有个项目想找你一起参与下，在他给你介绍完这个项目之后，你并不认可，想要委婉拒绝对方，可以这么说："你的眼光一向独到，这个项目肯定不错，不过需要投这么多钱，我需要和我们家那位商量一下，商量完之后给你答复吧。谢谢你能给我提供一个这么好的信息。"

这个例子中，"你的眼光一向独到"使用的是接力中的对人的肯定、赞美或关心这一切入点。

"这个项目肯定不错"使用的是接力中的对事情的积极态度这一切入点。

"我需要和我们家那位商量一下"使用的是缓力中的借人与物这一切入点。

"商量完之后给你答复吧"使用的是缓力中的模糊应对这一切入点。这句话没有具体说明我们什么时间能够商量完，可能一个小时后，可能一天后，也可能一周后。如果把这句话改为"商量完明天中午给你答复吧"使用的就是缓力中的延长答复这一切入点了，因为把答复的具体时间告诉了对方是"明天中午"。

"谢谢你能给我提供一个这么好的信息"使用的就是歉意或感谢板块中的感谢。

在这个例子中,你还可以这么说:

这个项目确实不错,你的执行力那么强,肯定没问题,不过你也知道我自由自在习惯了,比较懒散,还是不给你添乱了。不过谢谢你能想到我。

"这个项目确实不错"使用的是接力中的对事情的积极态度这一切入点,肯定了对方的项目。

"你的执行力那么强,肯定没问题,不过我做事,你也知道自由自在习惯了,比较懒散,还是不给你添乱了。"这句话使用的是缓力中的提高对方这一切入点。

"不过谢谢你能想到我"使用的依然是歉意或感谢板块中的感谢。

你还可以这么说:

还是你够意思,有好的事情第一个想到了我,不过我如果参与进去,你可能会有麻烦。你知道我和小明有矛盾。这个项目要想进一步发展,小明这一关必须过。现在我参与进去,必然会影响项目的进展,所以我还是不参与了吧。但是必须要感谢你的这个邀请,改天我请你吃饭。

"还是你够意思"使用的是接力中的第一个切入点:对人的肯定、赞美或关心这一切入点。

"有好的事情第一个想到了我"使用的是接力中的对双方关系的肯定或认可这一切入点。

"不过我如果参与进去,你可能会有麻烦。你知道我和小明有矛盾。这个项目要想进一步发展,小明这一关必须过。现在我参与进去,必然会影响项目的进展,所以我还是不参与了吧。"这句话使用的是缓力中的对方立场这一切入点。

"但是必须要感谢你的这个邀请,改天我请你吃饭。"这句话依然是歉意或感谢板块中的感谢。

在使用接力+缓力+道歉或感谢这个公式时,你只要从每个板块的切入点中选出任意切入点,就可以组合成你想要的委婉拒绝话语了。可选性很多,我相信必然有一款是适合你的。

例如:

有人向你借钱,但是你确实也没钱,你可以这么说:"你现在的这个状态,我也是深有体会。你是我最好的兄弟,我必须要尽全力帮你,但是我前段时间刚刚投资了个项目,现在手里也没钱。这次真是抱歉,好不容易兄弟找我帮个忙,也没有帮上,实在不好意思。"

"你现在的这个状态,我也是深有体会。"这句话使用的是接力中的对阶段的感同身受这一切入点。

"你是我最好的兄弟,我必须要尽全力帮你"使用的是接力中的对双方关系的肯定或认可这一切入点。

"但是我前段时间刚刚投资了个项目,现在手里也没钱"使用的是缓力中的转折原因这一切入点,这里的客观原因是指因为投资项目而手里没钱。

"这次真是抱歉,好不容易兄弟找我帮个忙,也没有帮上忙,实在是不好意思。"这句话就是歉意或感谢板块中的歉意了。

二、接力+圆力+歉意

这个公式包含三个板块内容:接力、圆力以及歉意。接力的切入点,在这里不再赘述。圆力有两种方式:

（一）假意要做，让对方自动放弃。

（二）虽然你什么都没做，但是让对方认为你已经做了。

例如：

大约是2009年的时候，通过别人引荐，我去杭州拜访了一位口才很好的人，姓张，老家是云南的，后来又跳槽到了北京。这个人是一个思维缜密、情商很高的企业高管。我当时和他分享过接力、圆力的技巧。他听完后，给我讲了一个他自身使用这个技巧的例子。

他说他们老家是农村的，以前每次回家，都会遇见有点亲戚关系的人到他家来串门。很多都是想让他给他们的孩子安排工作，但他们的孩子不学无术，他知道这些孩子根本不适合公司的岗位。如果答应给他们安排，就会给公司带来损失。一开始他会和他们打哈哈或是直接拒绝。但是后来听父母说，这些亲戚们都说他眼高于顶、六亲不认。

从这件事以后，他就改变了做法。再有类似的人让他给他们家孩子安排工作，他都会立刻答应下来，表示很乐意帮忙，并且还夸赞一下对方的孩子。然后他说："我知道好几个公司都有合适的空闲岗位，你让孩子抽空过来跟我说说，他上学期间都学到了什么，哪些是最擅长的，再写一份简历给我。"对方听完后，都很高兴。有的回家告诉自己的孩子后，就没有下文了。因为孩子自己也知道自己上学就是混日子，因此不敢找他。

当然，也有部分孩子拗不过父母的督促，找到了他。他欣然地接下对方的简历，然后告诉对方，回家等消息。然后他再把孩子的综合情况做下总结和评价，反馈给对方父母，并表示自己会全力帮他找合适的工作，让对方放心。三天后，他会告诉对方，只有一家公司有意向要这个孩子，其余三家公司都感觉不合适。这一家告诉他说等领导来之后，再最终给答复，需要再等两天。

等到两天后，他又告诉对方，那家公司领导感觉不太合适。最后，他再表达对这件事的歉意，愧疚没帮上什么忙。如此运作后，对方一般会非常感激他，虽然事情没有办成，但感觉他确实尽力了。

这个例子中，一开始的欣然接受并且肯定对方是接力。你可以思考一下用的是接力的哪个切入点。然后通过圆力中的假意去做这种方式，让对方的孩子自己知难而退，从而委婉拒绝了对方的要求。

对于比较执着的人，则采取圆力中的第二个方式，告诉对方只有一家公司有意向要这个孩子，其余三家公司都感觉不合适。这一家告诉他说等领导来之后，再最终给答复。两天后告诉对方，公司领导感觉不太合适。在对方的心里，他已经为孩子做了很多事，虽然没有成功，但他已经尽力了。最后是歉意，这会让对方更加肯定和感激他的付出。

再讲一个例子，这是我很早之前亲身经历的一件事：

我的车险快到期了，有天上午11点接到车险公司业务员电话，说有很好的活动，想让我参加。

听完对方介绍后，我就说："通过刚才的交流，你很热情，对业务也很熟练，我也是你们家的老客户了，每年都在你们家投保，你看能否再向你领导申请下额外的礼品？"（说实话，我本身就没打算换保险公司，我只是感觉在他们家连续投保很多年了，想再争取点礼品，心理也好有个安慰。所以我使用了一个最简单的赞美公式，夸赞对方热情并且专业，期望实现我的目的）。对方一听完，很高兴，但是一直在表示已经是最大限度了，不过她自己可以出钱买礼品给我。

我只能认为这个业务员业务做得不错。这个业务员如果能使用接力＋圆力＋歉意这个委婉拒绝别人的公式来跟我沟通，结果会完全不一样，不仅业务能成，还可以让我感动。

如果业务员使用这一公式，可以这么做：

先生，说实话，这确实是针对老客户最大的优惠力度了，但是刚才和您聊得比较投机，您就像我大哥似的。这样吧，我再和我们的领导反馈下，不管领导给什么答复，我下午都给你去个电话。你下午几点方便？等到客户说了几点后，结束电话。

结束电话后，业务员根本不需要找领导，只需要在备忘录上写下给客户回电话的时间和原因就可以了。到了给答复的时间点了，给客户答复："不好意思，先生，领导一直没答复，您再等等，一有消息马上告诉您！"

接下来，晚上或是第二天再告诉客户，领导说这是最大限度了，还批评我了，因为公司统一定好了奖励，谁都不能改变。然后对客户表达歉意，再告诉客户，如果客户想要礼品，自己可以出钱去买。

这个业务员如果这么做，客户肯定会感动，有的甚至会介绍他的朋友买车险，这才是最佳的做法！这个例子就是第二种核心公式的一个应用，通过接力肯定对方，然后通过圆力让客户认为你真的找了领导，而且还挨了批评，最后向客户表达歉意。

三、步步否决

这个公式可以让我们很好地避开别有用心之人的催眠。它的精髓是坚持说"不"。哪怕对方提出与话题没有关系的话，也就是我们所说的融洽气氛的话，我们也要坚持说"不"，目的是防止自己被对方催眠。否则，一旦我们形成了一种认可、附和、同意的语言惯性，那么当我们想拒绝对方时会变得非常困难。

例如：

假设小明去请求另一个人帮助，小明在正式提出请求前，先设法让对方反复说"是"，比如，今天的天气真不错。你办公室的视野真好。你是上周五刚从美国回来？如果对方都是用"是"回答这些问题，那么小明在提出真正的请求后，对方一般会出于惯性，直接回答"是"。即使想拒绝，也要做很大的内心思想斗争。

假如我们遇到如此情况，我们一定要学会步步否决，坚决不说"是"。比如，对方说："今天的天气不错。"你可以说："天气预报还说可能有雾。"而不能说："是啊，天气真不错。"再比如，对方说："你办公室的视野真好，可以看到大海！"你可以说："其实，我个人更喜欢看车流，可以更好地思考。"而不能说："是啊，楼高就是有这个好处，视野比较开阔。"

总之，记好一句话：当你猜到对方的目的是向你提出请求，而这个请求你是不能帮对方做到的，那么从一开始就要做到步步否决。

还有两个特殊的委婉拒绝方法：降低期许和选择回答。

降低期许，就是你已经大体猜到对方的目的，在对方还没有提出请求之前，你就已经把你的拒绝理由不着痕迹地表达给了对方。

如果对方聪明，一般不会再提请求。如果对方一时没有明白你的意思，那么在对方提出请求后，你再使用委婉拒绝的公式即可。比如，你通过一些途径知道对方可能要找你借钱，或和对方聊天时，你大体猜到对方可能要借钱。假如你确实有困难，你可以在聊天中无意透漏给对方你目前也比较拮据的信息。这样就会降低对方的期许,对方一般不会再提出借钱的请求了。

选择回答是指不直接拒绝对方而是给对方另一个选择。

例如:

妻子说:"咱今晚去吃牛排吧?"

丈夫不想吃,可以这么说:"要不咱去吃酸菜鱼吧。"

委婉催促别人的技巧

正确委婉催促别人的公式:给予催促 + 个别针对。

一、给予催促

催促一般是为满足我们某方面的要求,也就是说催促的结果都是有利于我们的。既然这样,我们为了更好地实现我们的目的,就需要学会先给予,从而让对方可以更好地配合完成我们的要求,实现催促的最终目的。

给予有两个方面,一个是物质方面,一个是精神方面。给予催促一共有七个公式:

(一)给予对方赞赏 + 催促内容。这个公式中,给予对方赞赏,主要是指给对方戴高帽,让对方不好意思拖延。给予对方赞赏有两个切入点:

1.前期使用赞赏。

例如:

你已经决定借给对方钱,但你怕对方有可能不会按时还钱,那么你可以在给对方钱时这么说:"对于你我还是非常放心的,你一向信守承诺,言而有信,我是绝对信任你的。"

讲完上面的话语,如果你能再加上一个对方言而有信的例子,那就再好不过了。

例如:

你可以接着说:"就说上次吧,听说你临时有点小事,拆借了小明一部分钱周转,到了还款日期,你在外地出差,确实不方便。小明都说你可以回来后再还。但是你说,说好的事情,坚决不能变,又让你爱人把钱取好,还给了小明。你说,像你这样信守承诺的兄弟,我怎么能不相信呢。"

这个例子中,"你一向信守承诺,言而有信""但是你说,说好的事情,坚决不能变"等都是给予对方赞赏,催促内容就是让对方记着按时还钱。前期使用赞赏的目的,给对方戴一个高帽,让他不仅舍不得摘下来,而且还会一直感觉到头上的一种压力,从而时刻提醒自己不要拖延。

2.中期使用赞赏。使用这个切入点时,一般是对方的拖延可能是由于太忙,忘记了当时的承诺或约定。这时最好给对方发微信或短信,避免电话交流。

例如:

刘哥,你是不是遇到了什么麻烦事情了?如果遇到了,千万别自己扛着,有需要兄弟们帮忙的,你尽管直接说。你可能会问,我为什么会这么说。因为你一向说一不二，做事言而有信。当时你说这件事情昨天就可以解决，一般百分百没问题。但是到现在一直没有你的消息，我就知道你肯定遇到麻烦事了。所以我希望刘哥可以告诉我下，我看能帮上什么忙！（这里的这件事情可以替代为对方说好还你钱，或者对方说好帮你做某件事等。）

这个例子中，"你一向说一不二，做事言而有信"属于给予对方赞美，催促内容就是本该昨天解决的那件事。

（二）给予对方幽默的氛围＋催促内容。这个公式一般应用于同辈、同级或晚辈、下级之间。如何幽默的具体公式，我们已经在前面的章节中详细讲过了，在此不做过多解释。如果你还没有记起来，请抽时间再认真复习下。

例如：

去年我找一个发小帮我设计一张图纸（给设计费）。我知道，他在设计圈已经小有名气，非常忙，但我又不想他拖延时间。所以当时我这么说："你可千万别忘了，这个月底一定要帮我做完。否则我会毫不留情地使用我的独门绝技。"他问我："什么绝技？"我说："追魂夺命连环 call。"

这个例子中，"我会毫不留情地使用我的独门绝技""追魂夺命连环 call"就是给予对方幽默的氛围，催促内容就是让对方月底之前完成我的图纸。

（三）给予对方间接的肯定＋催促内容。这个公式的关键在于间接的肯定，就是感谢对方的某种拖延行为，刚好让自己免于经受某种不好的事情。

例一：

刘哥，必须要感谢你啊。对方一般会问，感谢什么？你再说，最近股市大跌。如果当初不是借给了你那些钱，我就都投进股市里去了，肯定就都被套牢了。

这个例子中，"如果当初不是把那些钱借给了你，我就都投进股市里去了，肯定就都被套牢了。"这句话是给予对方间接的肯定，既然会这样说就说明现在手头紧，催促内容就是希望对方赶紧还钱。

例二：

我必须要感谢你啊。对方问，感谢什么？你说，幸亏你的工作报告还没交，如果你按时交给我，我今天上午就给领导送去了，据说领导今天上午心情不是太好，逮着谁骂谁呢。然后再加一句，你的报告写的怎么样了？

在这个例子中，"幸亏你的工作报告还没交，如果你按时交给我，我今天上午就给领导送去了，据说领导今天上午心情不好，逮着谁骂谁呢。"这句话就是给予对方间接的肯定，最后加的一句"你报告写得怎么样了"就是催促内容。

（四）给予对方物质的肯定＋催促内容。我们要想顺利实现我们的目的，有时可以采取给予关键人物物质的肯定，加快对方给予我们想要的回馈的速度。比如很多单位在催促员工完成销售目标时，会增加额外的奖励，比如第一名，金条一块；第二名，iPhone手机。

（五）给予对方人格的尊重＋催促内容。这个是最容易操作的公式，有两个切入点：

1.对于同辈或同级，使用亲密称呼。比如，美丽的刘姐，你的报告写的怎么样了？（刘姐属于亲密称呼。）

2. 对于晚辈下级，使用亲切的称呼＋语气助词＋关心式询问事情的进展。

亲切的称呼方式有四种：

（1）在对方的姓氏前，加一个小字。比如，小刘、小王。

（2）如果对方的姓名是三个字，说其名字，省略姓。

（3）如果名字只有两个字，那么直接称呼就可以。

（4）如果对方年龄比你大或资历比你老，那么你可以称呼其职位，比如李总，或者称呼其辈分，比如李哥。

语气助词，一般是指单个汉字"啊"，比如小刘啊，俊杰啊，李总啊，李哥啊，等等。

关心式询问事情的进展，就是用关心的态度询问事情做得怎么样了，进行间接的催促。

（六）给予对方一个缓冲＋催促内容。这个公式中的缓冲有两个方面：假借他人、假借他物。

1. 假借他人。假借他人有两个切入点：

（1）假借静态的人。在催促的执行过程中，假借的人并不需要亲身参与。

例如：

今天我们领导训我了，让我这周必须给他初步方案。因此你们需要周五之前，把草图给我，真的不能再拖时间了。

在这个例子中，假借的静态人就是我们的领导。至于领导是否真的批评我了，其他人并不知道，但是催促的目的已经实现了。

（2）假借动态的人。找一个你和被催促的人都比较熟悉的中间人，让中间人在无意间说出你现在的苦衷，然后让对方积极配合，完成你的催促。

例如：

假设你是小明。小张借了你的钱，你想让其尽快归还。但是你又不想直接和对方说，那么你可以找一个你和小张都认识的人。这个人在和小张聊天时，无意聊起你的情况，从而让对方尽快还钱。假设你找的是小刘。他可以这么和小张说："哎，我问个事情，最近小明和你借钱了没？"然后小刘接着说："小明前天和我借钱了，说要急着提车，他的钱都借出去了，所以手底下没钱。"一般小刘这么说之后，小张如果有钱，自然就会还你了。

2. 假借他物。假借他物有三个切入点：

（1）借某件让自己不得已才催促别人的事情，可真可假。

例如：

刘总，你知道我前段时间在股市刚被套牢了，我手底下确实没有现金了，否则我今天也不会来催你了。

在股市刚被套牢，这件事情可以是真的，也可以是你自己编造的。

（2）正在其他地方发生的事情，可真可假。这里还有一个关键点：一定要根据这件事情总结出一个有利于对方的结论，最终说出我们的催促内容。

例如：

刚才在江山路上有两个人打起来了，貌似是因为借钱的事情。本来非常好的朋友何苦非要闹成这样呢。朋友借了钱没有按时还，估计有他的难处，应该互相理解。我并不是说大话，你上次借我的钱，我从来没催过你吧。

在这个例子中,"刚才在江山路上有两个人打起来了,貌似是因为借钱的事情。本来非常好的朋友何苦非要闹成这样呢。"这句话其实就是借正在其他地方发生的事。

再接着,"朋友借了钱没有按时还,估计肯定有他的难处,应该互相理解。"这句话是总结了一个有利于对方的结论。

再接着说,"我并不是说大话,你上次借我的钱,我从来没催过你吧"。这句话就是说出催促内容,尽管我是一个不催朋友还钱的人,但是我也要提醒你,应该自觉尽快还钱了。

(3)假借间接提示对方的事物。不直接出面催促,借助其他事物来间接催促。

例如:

2014年过年,我回到了老家。和初中同学聚餐的时候,我突然讲起了年底催账的事情。一个同学分享了他的一个办法,据说非常管用。他把自己的微信头像换成了一张图片,上面写着四个字:该还钱了。为了效果最大化,他还故意在一天的某个时间段连续发布多条动态,并且只对某个人可见。大家可以想一下,你打开朋友圈之后被某个人刷屏了,而且头像写着"该还钱了",会是什么感觉。

这个例子中,被改成"该还钱了"的微信头像和朋友圈的动态都是间接提示对方的事物。

我在给单位老师讲这个例子的时候,有位老师认为,可以将自己的微信名字改为"该还钱了",然后到对方朋友圈疯狂点赞。

这种做法非常不好。如果对方已经给你的微信名字做了备注,他就看不见你新改的昵称;如果没有备注,你的这种做法肯定会引起对方的反感。改头像发动态是在针对全部,因为任何人都可以看到你的动态（对方并不知道你的这些动态仅对他可见）；而改名字去对方朋友圈点赞就是针对个体，对方一看就明白你是在催他还钱，这相当于你直接出面催促对方，会令对方非常反感。

（七）给予对方一个台阶+催促内容。这个公式共有四个切入点：

1. 当面代做。你假设对方一直没时间，在对方在场的情况下自己主动去做要催促对方做的事情。这个切入点主要用在关系亲密的人之间。

例如：

你催促你的女（男）朋友去取下快递，但是对方一直没动静。那么你可以这么说："可能你比较忙，你先忙吧，我去取快递吧。"这么说完后，刚才在拖延的对方一般会立刻去取。

2. 关心帮助。以关心的方式，询问对方现在的状况，并询问对方是否需要帮助，从而完成催促的目的。

例如：

小明啊，你的报告写得怎么样了，有没有碰到什么问题啊。如果有的话，可以告诉我，我看下能否帮你。

3. 关心的温馨提示。这个切入点的使用，侧重于以关心的方式，给予对方温馨提示，告诉对方不要着急。这样不仅能起到更好的催促作用，还可以收获人心。

例如：

2015年10月份时，有一期线下的特训营。第一天上午是八点开课，当时有个学员过了2分钟还没到。当时助理老师要打电话催促，问我怎么说。我说你就按照关心的温馨提示这个切入点说，关心地问到哪了，并且还要告诉对方，让他不要急，安全第一，我们会一直等他。当对方来到之后，我问他，当听完助理老师的话后，什么感觉？他的原话是："感觉挺温暖，同时也很内疚。感觉起晚了，耽误大家的时间了。"

4. 自身问题。你可以认为对方已经给你回复了，但是却由于自身的问题没有收到，恳请对方再回复一遍。

例如：

2013年，我经过别人的介绍，去拜访一位副部级的领导，请教口才方面的经验。当时这位领导和我说，今天晚上给我具体时间的答复，但是一直到第二天中午我也没有收到对方的答复。这个时候，我必然要催促下对方了。

当时我信息是这么发的："孙部长您好，打扰您了。和您汇报个事情，昨天我的手机系统出现了问题，电话和信息都收不到，可能错过了孙部长您的信息。所以还需麻烦孙部长再给晚辈发一下，不好意思，给您添麻烦了。"发完不到5分钟，对方就给回复了。

二、个别针对

个别针对是指，有些时候针对某一些人，你使用委婉催促公式是没有任何作用的。你也可以理解为对方故意要与你为敌，不配合你的催促。这个时候，我们就要采取个别针对的方式技巧了。这么做的目的就是最大程度地保护自己的合法权益。

个别针对的核心公式：有理 + 有据 + 有利 + 有章法。

（一）有理。有理有三层意思：

1. 你催促对方的目的合理合法。

2. 你使用了两次委婉催促公式后，没有任何作用。

3.催促的过程中，如果出现了对方蛮不讲理的情况，你不要使用蛮横或不讲理的方式与对方针锋相对，否则你有可能会陷入对方的圈套，从而让对方巧妙转移重点。

例如：

一个在派出所工作的朋友告诉我一件事，有一个人去催账，欠钱的一方说了些很不好听的话。要钱的人很生气，然后就找人动手把欠钱的一方打了。最后要钱的人被欠钱的人告了，索要医药费。

我们做任何事情都要合理合法，不要一时冲动，做出不理智的事情，让自己变得很被动。

（二）有据。一旦你确定对方在你个别针对的范围，你就要开始收集有利于你的证据。比如对方借了你的钱，当时没打欠条。你委婉催促无果后，你需要想方设法准备一个证明对方欠你钱的证据。

应用在工作中就是，要把委婉催促对方的对话、邮件或语音保留，以防出现不好结果时，对方说你故意不通知对方。大家注意两个点：

1.很多人往往不注意保留有利于自己的证据，最终无法很好地通过法律途径维护自己的合法权益，这是非常可惜的。

2.不到万不得已，我们不要使用法律手段。因为通过这种手段，我们肯定会多一个敌人。

（三）有利。我们采取个别针对措施，必然会在很大程度上损害双方的关系。所以你一定要在采取个别针对措施前，做好权衡，保证自己的损失最小化。这里有两个技巧：

1.让另一个人去施行针对措施。这样做的好处是万一出现问题，你还可以站出来充当最后的底牌，从而达到缓冲的目的。也就是说这种势必会损伤双方关系的事情，你最好不要亲自出面。

2. 在工作中采取迂回的方式，不和对方发生正面的冲突。比如有同事故意和你作对，但是对方的关系也比较复杂，即使你利用证据，依然不会对他有半点损害，反而会引火烧身。那么你可以采取假借领导、避开对方的方式来应付对方。比如还是催交报告，委婉催促已经无效，你可以这么说：

由于领导催得急，我已经把报告交上去了。我和领导说，因为你临时有点小问题，你的报告需要晚点再交。加油吧！

（四）有章法。学会利用人性的弱点，具体问题具体分析。关于这一部分，我就结合催别人还钱给大家简单一讲。当我们使用委婉催促的公式后，明确知道对方已经在故意赖账了，那么我们可以根据钱数的多少来解决：

1. 钱数少的处理方式。如果钱数非常少，你也已经不在意。这种情况下你再和对方要，不管通过私下还是法律手段，反而会浪费你更多的时间和精力，最终得不偿失。那么我建议你权当破钱免灾，把此人拉入你这辈子的黑名单即可。

2. 钱数多的处理方式。如果钱数很多，那么你就要依据对方的情况，采取不同的处理方式：

（1）如果你能确定对方确实没有钱还你，那么你要明确告诉对方，你也没办法，让其想其他办法，并且给你个书面的保证，否则只能走法律程序了。

（2）如果对方有钱，但是就是不想给你，可以分为三种情况：

①对方没有什么势力和背景，事业做得不大。你要亲自上门催要，并且明确告诉对方，你也没办法，并且问他现在到底有没有

钱，如果有，那么就告诉你什么时间给，怎么给。最好让对方写个书面证明。此外，你还要和对方说："如果你确实没有，就痛快地告诉我，我就不会急着催要了。"（一般出于自尊，被问及有和没有时，对方真有，一般都会给你。）

如果对方明明有钱，却说没有。那么对方已经是无赖了，那么你就可以明确告诉对方，你也是没办法了，只能走法律程序了。这种类型的人，往往惧怕走法律程序，一般也会给你。如果对方还不给，那么你要留好证据，然后走法律程序。

②对方没有什么势力和背景，但是事业做得很大。那么他最看重的应该是现在的成就。处理这种情况最有效的方法是，营造对其不好的氛围。这里的关键点就是，你要私下安排你们单位的员工或者乙方单位的员工去讨薪。理由是财务说因为对方没有结算款项，导致没钱发工资。

但是这件事情你要假装不知道。即使对方告诉你，你也要假装不知道，口头答应对方让这些员工回来，但是依然让他们继续讨薪。如果效果不佳，还可拉条幅。但是你要在对方面前表现得很生气，说自己的员工竟然都不听自己的，简直要造反。

③对方有势力和背景。只要对方有势力背景，那么不管对方做的大或小，这类人一般会怕你软磨硬泡地缠着他，所以一定要一见面就缠着，说自己也是没办法了，被逼无奈，但是这个过程你始终要不卑不亢。这样做一般会得偿所愿。

巧妙提问的关键技巧

巧妙提问有五个方面的内容:

一、以点带面,获得更多的信息

通过我们合适的提问,让对方说出更多的信息,最终实现我们交流的目的。目的一般有两个,一个是活跃气氛,同时为进一步的聊天做好铺垫和准备;另一个是更加准确地了解对方,得到想要的答案,实现自己问话的目的。

以点带面的精髓用一句话概括:借一用二基三注五。

(一)借一。借一种和被问者相关的东西,来打开融洽交谈的局面。针对的对象是关系不是太熟的人,所起的作用主要是拉近双方关系,活跃气氛!

例如:

2012年的6月份,有一个朋友告诉我,有一个摄影师口才很好,但是他对陌生人戒心很大。最终,我决定去拜访请教这位摄影师。他的真名我没问过,他也没说,艺名叫飞扬,北京人。在见这个摄影师之前,我翻看了他的很多作品,见他的时候,特意在笔记本中夹了两张他拍的照片。一开始,我问他其中一张照片拍摄的地点。他就饶有兴趣地讲了当时拍这张照片的经过,戒心自然也就没那么强了。自然而然,我也顺利地问了很多他在日常沟通中的经验。

最后拜访请教的任务圆满完成。

在这个例子中，照片的作用就是桥梁，很好地连接了对方和我，更有利于实现我的交流目的。

所以，请记住一点，如果对方性格偏内向或对你戒心比较大时，我们完全可以找到一种桥梁，借助这个桥梁来拉近双方的距离，让交谈在愉快的氛围中顺利进行。这个桥梁可以是具体的物件，当然也可以是无形的兴趣、爱好等。

（二）用二。用两个方法来实现以点带面：

1. 多轨道提问。多轨道提问是指问题问得比较概括、抽象，范围限制得不严格，给对方自由发挥的空间。多轨道提问有利于活跃气氛，但不利于获取准确信息。

多轨道提问适用的对象比较广泛，可以用来当作熟人正式交谈的铺垫，也可以用来作为和陌生人正式交谈的破冰之法。

例如：

经常会有很多外地的朋友来青岛拜访我。我在交谈的开始，一般会问对方，你对青岛印象怎么样？估计说到这句话，很多拜访过我的朋友，都会有印象。

这就是一个多轨道提问，问题本身就比较概括和抽象，此外回答的范围也是不固定的。虽然每个人都可以回答几句，但是由于每个人的关注点不同，所从事的行业有不同，回答的内容以及侧重点也会不一样。从事建筑行业的，一般说得比较多的是青岛的城市规划以及建筑风格；从事餐饮行业的，一般说得比较多的是青岛的特色美食。总之，一千个人就会有一千种回答。

2. 单轨道提问。问题问得比较有针对性，比较具体，范围限制得比较严格,给对方自由发挥的空间很小。单轨道提问可以让对方做出直接的回答,便于我们获得想要的信息。

例如:

很多朋友从外地过来拜访我,经过了多轨道提问后。我会对这个朋友有个大致的了解,然后我一般会针对性地问几个单轨道问题。一般都会问的是,你喜欢我讲的口才课吗?这句话就有很强的针对性了,虽然理论上对方可以回答喜欢,不喜欢或者还行,但是实际上,对方能不远万里过来拜访我,对课程肯定是非常认可的,因此回答一般有两种:喜欢或者非常喜欢。

此外,我有时还可能会问,你最喜欢高情商说话技巧中的哪一个技巧?这个也是有很强的针对性的,就是从我讲过的课中,对方说出一个最有切身体会的一个点。其实,问这两个问题时,我有很大的私心,目的是为了强化一种被认同的感觉,从而让自己有更强大的动力致力于高情商说话技巧的传播!

当然我还会针对对方所处行业的不同做出针对性地提问。比如,针对建筑师,我会问你喜欢青岛的城市规划吗?针对证券分析师,我会问,像我这样没有炒股经验的,你建议我进入股市吗?等等。刚才的这几个问题也都带有很强的针对性,喜欢还是不喜欢,建议我进入还是不建议我进入,往往对方还会说出很多的理由来进一步解释自己的回答。

(三)基三。以点带面有三个参考层面:现在的状态、过去的经过以及将来的变化。

我们提问的目的是得到更多更准确的信息。这样的提问,必然是基于对方现在的状态。如果是陌生人,我们必然也需要通过提问,来了解对方现在的状态。在基于对方现在状态的前提下,通过了解对方及相关事件过去的状态,对方及相关事件将来发展的状态,我们会更加准确地获得我们想要的信息。

例如:

有个朋友是国内一个知名手机品牌的首席设计师,他前段时间来拜访我。我们当时聊了有一个多小时,聊了很多的东西。我仅仅问了他三个主要问题就比较了解他们这个手机设计行业了。这三个问题分别是:

1. 你现在的工作需要经常和人打交道吗?
2. 你是怎样一步步成为首席设计师的?
3. 作为首席,你将来有什么计划?

这个例子中,通过"你现在的工作需要经常和人打交道吗"这个问题,我可以巧妙地知道对方现在所从事的工作,而且这种问问题的方式,比直接问"你是做什么工作的"要礼貌委婉得多,通过各个问题,我了解了对方的工作内容和现在的状态。

通过问"你是怎样一步步成为首席设计师的"这个问题,我知道了如何成为一名优秀的设计师,也更熟悉了设计师这个行业,知道了这个行业需要熟练掌握的软件以及需要关注的前沿信息等。

通过"作为首席,你将来有什么计划"这个问题我更加了解了坐在对面的这位朋友,也从侧面进一步了解了他所处的行业的当前情况和将来的发展状况。

很多人说我博学,知道各行各业的很多信息。其实,我认为最主要的原因就是我很好地使用了提问技巧的这三个参考面。当然,另一个原因也不可或缺,就是我接触的各行各业的人相对比较多。

（四）注五。提问时有五个注意事项：

1. 有备无患。我们要在提问前做足准备工作，尽量结合对方的情况以及自身想要得到的信息列出我们将要提问的问题。如果问题不多就将问题记住；如果问题多，可以将问题记在本子上或手机备忘录里。

例如：

2016年8月初，我刚刚结束全国巡讲，当时有一位做手游的朋友过来拜访我。令我印象最深刻的是，他在手机备忘录上写了20多个问题。由于这位朋友准备得非常充分，当天我们谈话的效率非常高，他回家之后给我发微信说："满载而归，值！"

2. 尊重对方。尊重对方包含两个方面。一方面，要注意礼貌，切记不要自以为是，此外还要尊重对方的风俗习惯；另一方面，对方说话时，我们要认真倾听，不要随意打断，也不要东张西望、心不在焉、打呵欠或玩手上的笔，当我们手机响后，应向对方致歉后再接听。

3. 以和为贵。其实这点也可以放在尊重对方里面讲解。但是为了让大家印象更加深刻，我特意拿出来讲解。以和为贵的意思就是说，有时针对关系还不是太熟的人，我们直接问一些单轨道问题，可能会让对方反感。我们可以先问一些多轨道问题，借此来消除彼此之间的陌生感，很快地和对方建立信任感，营造一种和谐交谈的氛围。

4. 简单明了。我们提问的句子要短，还要通俗易懂。

5. 全面参考。对方回答问题时，我们不要只是用耳朵听，还要通过眼睛观察对方的一些肢体动作以及面部表情的变化，从而更加准确地了解对方以及他所说的话。

二、见面时的寒暄

我们可以使用问句来作为交谈的开始。寒暄的作用主要有两个，一个是简单地打招呼，第二个就是为下面的谈话做好铺垫。

例如：

你吃饭了没有？最近过的还可以吧？工作还忙吗？你也来买菜啊？股票最近涨了吗？

三、吸引对方注意力，从而获得认同

这一点，学校的老师经常会用，我估计每个人都会有印象："我们刚才讲到哪了？"

此外，很多讲师在讲课过程中会说"是不是""对不对"，这些都属于吸引对方注意力的范畴。

四、请求对方帮忙或是想获得某一种结果，从而解决自己的问题，实现自己的目的

这个方面有两个切入点：

（一）请求对方帮忙。

例如：

这个箱子太重了，你能帮我提一下吗？

我去下洗手间，您能帮我看下东西吗？

今天我有事不能去办公室了，您能帮我和领导请假吗？

以上这几个例子，都是在请求对方帮忙。我们用这样询问的方

式请求对方帮忙，不仅可以给对方留下回旋的余地，同时还可以显示自己的素养，会给对方留下非常好的印象。

（二）想获得某一种结果。我们可以理解为这是普通的疑问句，目的是解决自己的疑问，实现自己的目的。

普通疑问句，又分为两种：

1. 简单疑问句，指对方一般只需要简单的回答就可以了。

这样的例子非常多，比如，你是吃辣的还是不辣的？对方只需要回答"辣的"或是"不辣的"就可以了。

再比如，你今天中午有没有告诉小明？对方只需要回答"告诉了"或是"没告诉"就可以了。

像这样的提问，都属于简单疑问句。

2. 复杂疑问句。复杂疑问句是指对方需要回答很多的内容，才可以回答的疑问句。比如，你今天中午和小明聊天，都聊了些什么？对方需要回答的是聊天的具体内容。

五、用问句延缓回答

日常生活中，我们会经常遇到被别人紧紧追问或者面对对方问的问题，我们一时不知道如何回答的情况。这个时候我们就需要做些事情，来争取一些时间让自己思考和应对。

这时我们可以用问句的方式解决。比如，你能把刚才说的话再说一遍吗？我刚才没有听清楚。再比如，打电话时，你可以说，不好意思，刚才信号不好，你能再重复一下吗？我们可以充分利用对方重复的这个时间，好好思考，从而可以组织出一个更好的答复。

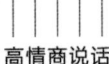

委婉说话的十种方法

为什么要学会委婉说话?因为有时候直来直去说话不仅很容易伤人,而且达不到我们的目的。我们需要正话反说、硬话软说,让我们说的话恰到好处。这样说话比我们把话都说明白更具有魅力。特别是在教育别人、批评别人和要求别人时,我们更要学会委婉说话。

委婉说话不仅是一种言语技巧,也是一门待人处事的艺术。作为一个想要有所作为的人,我们必须掌握这一有利于待人处事的语言表达方式。

委婉说话共有十种方法:

一、相关暗示

相关暗示包含四个切入点,分别为:

(一)逻辑常识暗示。

例一:

你渴了想让他人帮你倒杯水。你可以这么说:"突然感觉有点口渴。"或者说,今天出了很多汗,嗓子干得像冒烟似的。"

根据我们的常识,有点口渴和出了很多汗,嗓子干得像冒烟似的,都需要喝水才可以解决这个问题,对方看到你在忙着没时间,自然就会帮你倒水。但如果你直来直去说:"帮我倒杯水吧!"对方有可能会拒绝你,你会很尴尬。即使对方帮你倒了水,也会有种被使唤的感觉,心里会不舒服。

例二:

女生想让男生帮忙提包,可以这么说:"这个包好重!"

如果男生聪明,并愿意帮女生提,那么他自然会帮忙。这样说不仅避免了被拒绝的尴尬,更重要的是会让这个男生自认为很懂女生、很体贴,虚荣心得到满足,这样才是双赢的。

(二)类比暗示。用相似的事情来点化对方,让对方开悟。

例如:

传说郑板桥早年家里贫寒,某年除夕的时候,他去赊了一只猪头。刚准备要下锅时,却被卖猪肉的要了回去,转手高价卖给了别人。为此郑板桥一直记恨在心。直到后来到范县做了地方官,还特别规定杀猪的不准卖猪头,自己吃也要交税,以此表示对卖猪肉的惩罚。

他的夫人知道后,感觉这样做非常不对。有一天她捉到一只老鼠,就把它吊在房里。夜里老鼠不停地挣扎,郑板桥一宿都没睡好觉。他埋怨夫人,夫人说她小时候好不容易做了件新衣裳,却被老鼠啃坏了,因此必须要惩罚老鼠。

郑板桥听了后,笑着说:"兴化的老鼠啃坏了你的衣裳,又不是范县的,你恨这只老鼠没有道理啊?"

夫人说:"你不是也恨范县的杀猪的吗?"

郑板桥听后恍然大悟,随即吟诗一首:"贤内忠言实难求,板桥做事理不周。屠夫势利虽可恶,为官不应记私仇。"

例子中,郑板桥的夫人用惩罚老鼠的方式委婉地告诉郑板桥,刻意针对范县卖猪肉的屠户的做法,非常不合理。

（三）双关暗示。在一定的语言环境中，利用词或句的多义或同音的条件，有意使语句具有双重意义，言在此而意在彼，也就是醉翁之意不在酒。

例如：

我的母亲说在他们隔壁村，有户人家的女主人是出了名的聪明。这男主人以前暗暗喜欢女主人，女主人也暗示她也喜欢男主人。但是男主人却不敢向女主人表白。有一天，两人在田间干活时又碰见了，女主人就指着在田间飞舞的蝴蝶对男主人说："你说为什么只看见蝴蝶绕着花飞，但是却看不见花去追蝴蝶呢？"当时，男主人也瞬间明白了对方的意思，勇敢地表达了自己对女主人的爱意，两个人最终也走到了一起。

例子中，女主人用花和蝴蝶的关系暗示男主人应该在他们的关系中主动，而不是女方主动。而男主人也听懂了这个暗示，主动追求。

（四）潜台词暗示。潜台词指在某一话语的背后所隐藏着的那些没有直接、清楚表达出来的意思。或者说，潜台词就是"话中话"。

例如：

我有一个老大哥，他有一个孙子和一个外甥。据老大哥说，他的那个外甥真不简单，非常聪明，心理年龄远远超出他的实际年龄。

有次外甥来串门，看到孙子正在玩着刚买的电动车。外甥特别想要一辆，但是他一直没说自己想要，而是对老大哥说："姥爷，弟弟的车从哪买的，太酷了。"

当时老大哥笑着说："从某某商场买的。我先买一辆，让你弟弟试试，如果好，下午再去买一辆。你们兄弟两个一人一辆。"（这么小的孩子，潜台词使用得这么厉害，简直不得了。）

下面，我再补充很多领导或老板经常说的四句话，都属于我们讲到的潜台词暗示，希望大家好好体会和理解。

1. 你看着办吧！

领导说"你看着办吧"，很多时候是借机表达对下属的信任。这个时候，下属一定要按照领导的交代，把事情尽快做完，给领导一个满意的答复。作为下属，千万不能把这句客气话，不当回事，真的等到最后时限才把事情做完。如果这样做，那往往就置自己于"死地"了。

2. 你很有个性啊！

如果领导对你说"你太有个性了"，那你就要小心。个性是中性词，但是在职场中却是贬义词，因为职场强调的是团队意识，而领导对你说你很有个性，其实是严厉的警告，是告诉你要收敛自己。这个时候你要检视自己的言行、举止，想想自己最近是不是做了出格、过分的事情，一定要收敛自己的"个性"。

3. 最近工作怎么样？

虽然这是句普通的问话，但是这句话相当于一个引子，牵出领导想让你说的话。不排除领导确实在关心你，不过可能性不大。通常情况下，这种事情并不是什么好事，一般都是领导发现了什么问题，他不想直接说出来，而是通过这种方式委婉地试探。

这句问话看似简单，其实里面包含了许多复杂的信息，它表明了领导对你的事情都已经知道。所以一听到这话，你要警觉，这很有可能是领导在给你一个主动认错的机会。如果你还麻木或者还抱有侥幸心理，你就很有可能没有机会了。

4.这事再议吧。

经常听领导说:"这件事情再议吧。"难道领导真的打算再找机会来讨论这个问题吗?其实,绝大部分情况下,这是领导对这个意见的否定,只不过没有明确地说"不"。领导这么说,是给提建议的人一个台阶下,让对方知趣。作为下属,你不妨放弃自己的主张,不要再提这个建议了。

二、免缺夸优

免缺夸优指不明确指出对方的缺点或忌讳,而是把对方的缺点美化,从而让对方比较容易接受我们所说的话语。

例一:

一个脸比较大的人去商店买衣服,服务员可以这么说:"这款特别适合你,因为这种强调颈部和肩部的设计,会把别人的注意力吸引到颈部和肩部上,对平衡比例有非常好的作用,显得人整体匀称而又不失成熟美。"

这个例子中,"强调颈部和肩部的设计,会把别人的注意力吸引到颈部和肩部上,对平衡比例有非常好的作用"就是免缺夸优,不说衣服可以修饰这个人的脸型,直接说这件衣服的优点。如果服务员说:"你的脸比较大,这件衣服特别适合你,可以把别人的注意力从你脸上转移到颈肩上。"估计很多人听完都会不舒服,即使喜欢这件衣服也不会再买了。

例二:

据《云溪友议》和《唐诗纪事》记载,唐朝的太学博士李涉前往九江,看望在江州当刺史的弟弟。结果在水上碰到那个时代的

"浪里白条",一伙强人围住李涉所乘船只,要打劫。带头大哥问船上何人,李涉答:"当今太学博士李涉。"大盗们一听,高兴起来,不是因为太学博士有财,而是因为太学博士有才。带头大哥说:"今天我们不劫财,要劫个诗,你作首诗给我们听听。"李涉二话不说,题上一首:"暮雨潇潇江上村,绿林豪客夜知闻。他时不用逃名姓,世上于今半是君"。大盗们一听,不但没有难为李涉,还对他非常尊重。

俗话说:"秀才见了兵,有理说不清。"何况李涉面对的是与官家为仇的绿林大盗,一句说得不好,就会招致杀身之祸。这个时候李涉充分利用了自己的优势,准确地把握住了对方的心理,使用了免缺夸优的方法,让自己得以平安脱险。

第一,作为一个绿林好汉,重的是义气,因此李涉首先非常尊重他们,并且还称他们为"豪客",这就让那些绿林强盗不好再与他为敌。

第二,作为一个强盗,忌的是一个"贼"字,而李涉却用的是"客""君"字眼来称呼他们,并且把他们粗暴的拦劫行为说成是"夜知闻"后的善意相访,这些行为举动也让强盗不会再与他为敌。

第三,作为著名的诗人,他以诗作答,显示了自己的身份,以自己的名声影响了强盗们的心理,并且还在诗中说出了他们在世上占有的地位,提高了他们的身价,让他们不能不以礼相待。这时这些一直受歧视的人觉得获得李涉的这首诗,比得到再多的钱财还要珍贵。

三、避直问关

有些时候,你想知道某些信息,如果直接询问对方,会显得不礼貌，或者会让双方尴尬。这时，我们就可以围绕着我们要问的问题，问一些和这个问题有关联的问题。这样我们就可以通过关联问题，大体得到我们想要的答案。

例如：

你去参加某次聚会，认识了一名女性，聊得比较投机。你想进一步知道对方的年龄，但是怕贸然问对方不太礼貌，而且还怕对方拒绝。这个时候你可以旁敲侧击地问一些具有某种时代印记的问题，比如70后、80后，乃至90后印象比较深刻的事情。通过对方的回答，大体判断对方出生的年代。然后你再试探性地问下对方的属相。那么对方的年龄，你就自然知道了。如果你再旁敲侧击问下星座，那么对方的出生月份，你也就猜得差不多了。

四、引其向优

英国前首相丘吉尔说："要让一个人有某种优点，你就要说得好像他已经具备了这种优点。"引其向优是指通过夸赞对方，让对方在潜移默化中向着你夸赞的方向努力。

例如：

你认为你的妻子还是不够孝顺自己的婆婆，也就是你的母亲。那么你可以说："咱这周末回家看下咱爸妈吧。"一般只要没事，对方肯定会同意。你再接着说："你真好，这么孝顺，陪我回家看父母，我太幸运了，娶了一个这么好的媳妇。"

有时你要给父母买一些生活必需品，只要对方不提反对意见，你依然可以重复上面的话语。长此以往，你的妻子也会变得非常孝顺。

这个例子中，"你真好，这么孝顺，陪我回家看父母，我太幸运了,娶了一个这么好的媳妇。"这句话说的其实是你理想妻子的样子,但是多说几遍之后,妻子即使没有像你说的这样好,也会向着这个方向转变。

例如:

有一位学生在班级学习成绩始终是倒数第一,并且还经常淘气,在椅子上坐不住。家长被班主任老师叫到了学校,班主任说:"你的孩子在椅子上连一分钟也坐不住。"后来,孩子问妈妈:"老师和你说什么啦?"妈妈说:"老师说你现在已经能坐住椅子啦!"还有一次,这位班主任把这位妈妈叫到了学校说:"你的孩子这一次又考了倒数第一。"孩子后来又问妈妈:"老师和你说什么啦?"妈妈说:"老师说你如果再加把劲,肯定能超过你的同桌。"

例子中,母亲这么去和孩子表达,孩子必然会欣然接受。孩子的缺点也会慢慢改掉。试想,如果母亲回来重复老师说的话,孩子会是什么心情呢?

五、避实就虚

在日常生活中,我们难免会遇到蓄意打探你个人隐私的人,你不想回答又不方便拒绝时,就可以采取避实就虚的方法,说出一些不着边际的话语,让对方在感到莫名其妙后知趣而退,同时,也让对方隐隐感受到你的不可冒犯。

例如:

有次我和一位老大哥,还有一位商会的秘书长一起参加活动。在去会场的途中,我们在车上聊天。两个人都炒股,自然聊股票聊得比较多。当时商会秘书长问老大哥,现在手里买的是哪只股票,老大哥就说炒股其实不能仅仅看股票本身，必须还要考虑国家政策、外围市场等因素。到最后，他也没有告诉对方买的是哪只股票，对方也只好不再追问了。

六、辩证鼓励

任何事情都有两面性，有时我们需要看到事情好的一面，并且要从这个好的层面出发，引出一种让对方接受的结果。

例如：

医生给人看病，遇到病情较严重而又不及时诊治的病人，直接说："你知道你的病已经到了什么地步了吗？你是怎么搞的？你为什么不早点来看呀！"

如果医生这么说，患者听了之后，哪怕病情并不严重，估计也会对自己绝望了。如果使用辩证的鼓励，会起到非常好的引导作用。医生一般会这么说："幸好你及时来看病，只要积极配合医生的治疗，多注意休息，相信你很快就会好起来的。"

例子中，病人虽然病重，但是好处是毕竟已经来诊治了。那么结果就是积极配合医生，病人的病有可能变好。这就是属于辩证鼓励。

如果直接说："你知道你的病已经到了什么地步了吗？你是怎么搞的？你为什么不早点来看呀！"患者听了之后，哪怕病情并不严重，估计也会对自己绝望了，这并不是医生希望看到的。

七、幽默接话

关于幽默的使用方法，我们在前面章节中已经详细地讲过，核心为五线三点法。

八、商量口气

避免使用主观武断不留余地的词语，如"只有""一定""肯定""必须"等，而是尽量采用与人商量的口气。

例如：

我认为采取这种办法似乎更好，但是这只是我的个人看法，不知你是怎么想的？

九、肯定如果

先肯定对方某些优秀的方面，然后再说如果能把不好的方面改掉那就更好了。

例如：

有次我对薛老师说："你在业务框架的整合方面，绝对是个天才。如果你能在课件整理的细节方面做得再认真一点，那就完美了。"

这种说法比直接和对方说"你在课件整理的细节方面做得不好，必须改"要委婉并且好很多。

十、假设语气

针对还没有发生的事情，假设对方这么去做，对自己就更好了。

例如：

你帮我把上月的报告写了吧！用这个方法可以改为，如果你有空帮我把上月的报告写了就好啦！

四 这么说，才能瞬间打动别人

九种安慰别人的方法

　　安慰别人的公式总共有九种。只要我们熟练掌握了这九种安慰别人的公式，就可以在处理人际关系时做到如鱼得水！

　　为了更好地理解和运用这九种公式。我们先来了解一下什么是安慰。安慰有四个特性：倾听、顺应、给予、具体问题具体分析。

　　我们安慰的第一步一定是先听，而不是先说。这样做的好处有两个，一个是便于我们更好地判断对方的具体核心问题；另一个就是给予我们更多的思考时间。

　　顺应是指我们不要急于否定对方的现有状态，我们要给予对方充分发泄的时间和空间，也就是说我们要充分肯定对方的痛苦。安慰不是医学上的治疗，只有充分肯定顺应对方的痛苦，才会让对方的心理郁结得到更好的梳理和引导，从而实现我们安慰效果的最大化。这是非常重要的一点。

　　很多人都会在这个方面犯错误。比如，很多人会说："没什么大不了的，郁闷什么？""有什么不开心的，不就是被炒了鱿鱼吗？""有什么好哭的，不就是腿骨折了吗？"

　　其实这些都是错误的安慰别人的言语，它们的共性就是都否定了对方现有的状态，违反了安慰公式的第二个特性：顺应。

给予不仅指给予对方发泄情绪的时间以及空间，更是指给予对方一种支持、帮助、陪伴以及希望，让对方感觉自己并不孤单，自己的处境并不是那么难堪，自己的未来也并不是那么无望，从而让对方更快地走出自己现在的处境，达到安慰效果的最优化。

因为每个人的性格不一样，所遇见的问题也不一样，所以安慰对方的方式肯定也不一样。我们要根据对方的具体情况，采取不同的安慰方式。比如有的人就是只想吐槽，你只需要倾听、顺应对方就可以了；有的人需要的是你静静地陪伴在身边；有的人需要的是你的合理建议。

下面，我们详细讲解安慰别人的九种公式：

一、倾听思考＋接力的第三个切入点＋同理心和好的发展＋陪伴相信＋展望未来＋安慰动作

（一）倾听思考。我们已经在安慰的特性中讲过了，一定要先听对方说，中间也不要试图打断对方，这个过程我们要不停地思考，一会儿应该说什么，以及应该怎么去说。

（二）接力的第三个切入点。前面已经讲过使用方法，如果你忘了，请翻到对应章节再看一遍。这个切入点在使用时有一个技巧：不能把话说得太肯定。

例如：

一个姑娘刚和谈了 6 年的男朋友分手了，我们可以这么说："我能理解你现在的感受，两个人相处了 6 年，在一起经历了那么多的事情，现在突然分手了，确实很伤心，很令人心痛。"

这个例子中,"我能理解你现在的感受"就是对阶段的感同身受;如果我们说:"你现在的心情,我完全理解。"这就属于把话说得太肯定,这么说很容易让对方感觉我们在应付她,让她觉得我们站着说话不腰疼,让安慰的效果大打折扣。

(三)同理心和好的发展。你把自己类似的经历或者你身边朋友的类似经历,讲给对方听,这些例子的结果,最终都是向好的方向发展了。这个板块的目的是通过类似的经历引起对方的共鸣,同时给对方走出困境的信心。

(四)陪伴相信。这一板块有两个切入点:

1. 陪伴。始终作为对方的支撑,陪伴在对方的身边。

例如:

同样是安慰失恋的姑娘,说完前面的安慰后,往后接就是:"虽然我也有类似的经历,但毕竟事情又有差别,我不是当事人,所以不能完全理解你现在的感受,但是我会始终陪在你的身边。"

这里的"但是我会始终陪在你身边"就是陪伴。

2. 相信。相信对方可以处理得更好。

例如:

接着上个例子,往后也可以说:"虽然我也有类似的经历,但毕竟事情又有差别,我不是当事人,所以不能完全理解你现在的感受。但是我相信你一定可以处理得很好。"

这里的"我相信你一定可以处理得很好"就是相信。

(五)展望未来。这一板块起的作用有两个:

1. 转移对方现在的注意力。

2. 给对方描述美好的远景,让对方对未来充满信心。

例如：

等你心情好了之后，我们就一起去逛街，听说某某品牌刚来了新品。

例子中，逛街去看某某品牌的新品，可以在一定程度上转移对方的注意力。

请注意一点，如果对方刚失去亲人或遭遇重大的变故则不适宜用这个板块，在"陪伴相信"之后，直接过渡到"安慰动作"即可！

（六）安慰动作。比如可以拥抱下对方或者拍一下对方的肩膀。

二、倾听思考＋接力的第二个切入点＋转移注意力

（一）倾听思考。倾听的过程中我们要不停地思考，一会儿应该说什么，以及应该怎么去说。在这个公式中，倾听思考也指如果对方一言不发，那么你也可以陪着对方一言不发。

（二）接力的第二个切入点。在这个安慰公式中，这个板块是否需要使用，要依据第三个板块的不同切入点来判定判断。

（三）转移注意力。转移注意力有两个切入点：

1. 谈论某个事情。使用这个切入点时，不需要使用第二板块。

例如：

我第一年高考时，虽然考的分数还可以，但是我自己认为不理想，非常不开心。特别是成绩刚查出来之后，我越想越感觉委屈。当时我就跑到了一棵大树下，自己静静地发呆。这个时候，我表哥过来了。本来我以为他会安慰我一番，但是他走到我身边，什么话都没说，我们两个人就这么静静地坐着。

坐了好一会后，他说他刚才被蚊子咬了下，然后问我有没有感

觉到很多蚊子，然后我们就不知不觉地又谈到了蟋蟀、蚂蚱、螳螂等。然后大约聊了有一个小时左右，我表哥就转身告别了。

在这个例子中，刚开始时，表哥过来什么都没说，就坐到我的身边。这是第一个板块中提到的倾听思考，有时也指如果对方一言不发，那么你也可以陪着对方一言不发。

表哥在沉默一会儿后，开始由被蚊子咬谈到蟋蟀、蚂蚱、螳螂等，就是通过谈论其他事情，转移了我的注意力。表哥从开始到结束，没有说一句安慰我的话，但是我好像突然想通了。从那之后，我就开始计划复读了。到现在过去了那么多年，表哥的那次安慰依然令我印象深刻！

2. 一起做某个事情。使用这个切入点时，同时需要使用接力中的对双方关系的肯定或认可这一切入点。一般使用在和你关系比较亲近的人身上，而且需要安慰的是事情不是特别大。

例如：

读研究生时，我是学校的校研究生会主席。当时我有个比较好的朋友，竞选某个部门的部长。他的实力很强，但是由于这个部门要改革，他并不适合担任这个部门的部长。此外，竞选时他表现得也不是太理想，所以没有竞选成功，他因此心情比较郁闷，情绪低迷。

我就去安慰他，一开始我就静静地听他发牢骚。等他发泄得差不多时，我说："你是我非常好的兄弟，我不希望看到你一直这么低迷。"然后我就问他今天还有没有其他安排，当确定他没其他安排后，我就说那么你今天的活动由我来安排。

我们先去打了一会儿篮球，然后冲了个澡。接着我就开车带他去了一个青岛本地非常美的地方，能看到青岛全貌，被称之为摄影之岛，景色绝对震撼。然后我们又去吃烧烤，去KTV唱了会儿歌。回到学校时，他对我说："非常感谢你，我已经想开了。"

在这个例子中，刚开始时对方发牢骚，我一直在倾听思考。当对方发完牢骚后，估计心里面好受点了。"你是我非常好的兄弟"是对双方关系的肯定或认可。之后的打篮球、看美景、吃烧烤等就是一起做某个事情，通过做这些事情达到转移注意力的目的。

三、倾听思考+接力的第一个切入点+陪伴相信+展望未来+安慰动作

（一）倾听思考。

（二）接力的第一个切入点。可以这样使用：

我知道你现在心里不好受，我也不知道该对你说什么，但是我现在非常关心你。

（三）陪伴相信。这一个板块主要有两个切入点，第一个切入点是陪伴，意思是始终作为对方的支撑，陪伴在对方的身边。第二个切入点是相信。

（四）展望未来。

（五）安慰动作。这一点前面讲过，可以拥抱下对方或者拍一下对方的肩膀等。

四、倾听思考+接力的第四个切入点+提供帮助+展望未来+安慰动作

（一）倾听思考。

（二）接力的第四个切入点。在这个公式中一般会这么说：

看到你这样，我非常着急。

这里的积极态度指的是我对你非常关心，看到你这样我非常着急。

（三）提供帮助。提供帮助是指力所能及地为对方切实解决问题。一般会说：

你看现在我能为你做什么。或者说，有没有需要我帮忙的地方。

当我们这么问时，不管对方是否寻求你的帮助，我们的安慰效果都是最大化的。如果对方需要我们的帮忙，那么只要我们力所能及地去帮对方把他的问题解决了，那么对方就不需要我们再去安慰了。反过来说，如果对方不需要我们的帮忙，我们这句话也会让对方感觉自己并不孤单，也会帮对方从当前的不好状态下走出来。

（四）展望未来。

（五）安慰动作。

五、倾听思考＋相似励志的故事＋相信对方的言语＋展望未来＋安慰动作

这个公式针对的是身体出现变故或是在事业上刚刚经历重大挫折的人。

（一）倾听思考。

（二）相似励志的故事。这个比较好理解，如果对方是身体出现变故的，可以给对方列举身残志坚的例子，给他树立一个奋斗的榜样。如果对方事业上刚失败了，赔了很多钱，非常萎靡，你可以给他举史玉柱的例子。

（三）相信对方的言语。相信对方的言语是指在上一个板块的基

础上，相信对方也可以和我们讲到的例子中的主人公一样，完成人生蜕变。

（四）展望未来。

（五）安慰动作。

很多人可能会有疑问，不是说安慰别人要承认他的痛苦吗？那这个公式为什么还要强调让对方尽快摆脱目前的处境呢？

这应该具体问题具体分析，像身体出现重大变故或者事业上经历重大挫折的情况，已经不可能改变，一味地承认痛苦反而会让他们心理更加失衡，会消磨他们坚强的意志。所以针对这种情况，最好的安慰公式就是第五种公式。

六、倾听思考＋幽默安慰＋转移对方注意力

这个公式的使用前提必须是我们和对方的关系非常好，而且对方遇到的事情不是特别重大。

（一）倾听思考。

（二）幽默安慰。幽默安慰是指听完对方的牢骚后，我们先说对方的至少两个优点，然后再说出正是因为对方的这些优点，对方才会出现这样的问题，只有这样才会均衡。

例如：

像你这样工作能力超强、长得很帅、情商又高的人，丢个电脑也是在情理之中的，否则其他人就没法活了。

（三）转移对方注意力。这一板块有两个切入点：谈论某个事情和一起做某个事情。

在这个公式中，使用最多的是一起做某件事情。比如在上一个

板块幽默安慰的基础上可以说:"走,我请你喝酒去,听说最近刚开了一家主题烧烤吧非常不错,今天不醉不休!"

七、倾听思考 + 复述事情 + 个人建议 + 陪伴相信 + 展望未来 + 安慰动作

这个板块的关键点:一定是对方想听你的建议,你再使用这个公式。

(一)倾听思考。

(二)复述事情。复述事情是指在倾听结束后,把对方和你倾诉的事情,你大致地复述一遍。复述事情的目的有两个:

1. 让对方知道你一直在认真听对方倾诉,不是在应付。

2. 把关键的信息重复一遍,以免出现遗漏的问题,使后期的个人建议更有针对性。

(三)个人建议。这个公式的核心就是个人建议。你要告诉对方,这只是你的个人见解或想法,你碰到类似的情况,按照这种方式比较管用,但是对对方是否依然管用,我们也不知道。因此最终还是要对方自己来决定应该怎么去做。切记,千万不要以过来人的身份命令对方做某些事情,这样往往会引起对方的反感和抵触,起到相反的作用。

(四)陪伴相信。

1. 陪伴。在给对方讲完你自己的建议后,你不仅要告诉对方要靠他自己决定,而且还要告诉对方,不管对方怎么处理,你始终都会陪伴在对方的身边。

2. 相信。在给对方讲完你自己的建议后,你不仅要告诉对方要靠他自己决定,而且还要告诉对方,你相信不管对方怎么处理,都会把这件事情处理得很圆满。

(五)展望未来。

(六)安慰动作。

八、倾听思考 + 接力的第三个切入点 + 正面安慰 + 展望未来 + 安慰动作

(一)倾听思考。

(二)接力的第三个切入点。

(三)正面安慰。正面安慰有两个切入点:

1. 对比肯定。

例如:

我姑姑家有两个孩子,一个上高中,一个4岁。今年春节假期来我家玩时,小的在下车的时候,不小心磕了腿一下,然后就开始大哭,并且边哭边说太疼了。我看了一下她的腿,发现没什么大碍,然后我是这么说的:"这样磕一下确实太疼了,任何一个人都会疼的。我记着上次你姐姐也这么磕了一下,疼得哭了很长时间,声音也比你大。你看你多勇敢,才哭了这么一小会儿。小美女真棒!真勇敢!真厉害!"

然后她就不哭了,边擦眼泪边说:"可是我还是哭了。"

我说:"每个人磕一下都会哭的,但是你是哭的时间最短的一个,所以你非常勇敢,是一个勇敢的小美女。你最棒了。"

然后我又接着说:"如果你现在感觉不是太疼了,我给你钱,这是奖励我们勇敢的小美女的,然后让你姐姐带你去买好吃的零食,

怎么样？"

她马上就说："好了，不疼了。"然后我就拍了下她的头告诉她："真棒！"

在这个例子中，刚开始对方哭的时候，我是倾听思考，同时查看对方的伤势，发现不是很严重。

"这样磕一下确实太疼了，任何一个人都会疼的。"这句话使用的是接力的对阶段的感同身受切入点，肯定了对方的痛。

"我记着上次你姐姐也这么磕了一下，疼得哭了很长时间，声音也比你大。你看你多勇敢，才哭了这么一小会。小美女真棒！真勇敢！真厉害！"这就是正面安慰的对比肯定切入点，我是把她和她姐姐做了一个对比，从而突显出她的勇敢。

"让你姐姐带你去买好吃的零食"是展望未来，"拍了下她的头"就是安慰动作。

2. 引导肯定。引导肯定是指发现对方正在经历的事情好的一面。这个切入点使用时，一定要建立在接力中的对阶段的感同身受这一切入点的基础之上，而且对方所经历的事情也不是特别重大的事情。

例如：

朋友和你抱怨整天加班，有时请假都不允许，没有自己的空闲时间来休息，感觉很累。这个时候，你在使用这个公式前面的两个板块后，到这一个板块可以这么说："你们单位把这么多工作安排你来做，而且没了你都没法把这些工作做好，说明你是你们单位的骨干，没了你都不行。"

（四）展望未来。

（五）安慰动作。

九、倾听思考+接力的第三个切入点+陪伴相信+展望未来+安慰动作

如果你看完第九种公式，感觉有点似曾相识。这说明你已经对前面的几个公式比较熟悉，非常好。

第九个公式和我们已经讲过的第三个公式几乎一样，不同的是第二大板块。第三个公式的第二个板块是接力的第一个切入点，但是第九个公式的第二个板块是接力的第三个切入点。因此这个公式我就不详细地讲了，大家稍微一复习前面讲的第三个公式，再稍微一变通就可以了。

这么巧妙赞美别人才开心

巧妙赞美的核心用一句话来概括：说出对方最想听到以及最愿意听到的赞美，才可以称为巧妙的赞美。这和我们以前讲到过的课程的核心有点类似，比如口才好的核心：说出对方最想听的话，让对方愿意和我们继续交往和聊天。

我用一个例子来说明巧妙赞美的作用：

美国的第四十任总统里根出身于平民家庭，因此也被称为平民总统。当他晚年接受采访，被问到成功的秘诀时，说："在我14岁时，我的母亲对我说，千万别忘记去发现别人的长处，多说别人的好话。从那以后，我始终牢记这句告诫。有时甚至在梦中，我都不忘赞美别

人。可以这么说,是我母亲的这些话影响了我的一生。"

巧妙赞美别人的公式分为四个部分:基本原则 + 魅力赞美技巧 + 高级赞美技巧 + 赞美的禁忌。

一、基本原则

(一)真诚原则。真诚原则有两个切入点:

1. 自然赞美。我们要有发现对方优点的意识以及积极的心态,然后主动去赞美对方。当然如果要让赞美的效果最大化,可以参考我们后面讲到的技巧。

2. 表现赞美。有时你不得不去赞美对方时,你要表现得真诚,你的表情要放松自然而且眼睛要看着对方,然后再结合后面讲到的技巧,让赞美的效果最大化。

(二)差异原则。我们在赞美别人时要学会具体问题具体分析。在本节的开始,我们讲过巧妙赞美的核心,是说出对方最想听到以及最愿意听到的赞美。每个人都是不一样的个体,他们在相同的情况下希望听到的赞美也不一样。如果我们要想做到差异这一原则,需要在日常生活中,用心去发现。如果我们发现不了,后期使用我们的巧妙赞美技巧,也可以弥补这个方面的不足。

(三)个性共性不分割原则。

1. 个性赞美。个性赞美的切入点有两个:

(1)对方的某个行为。

例如:

你刚才沏茶的动作太美了。

(2)具体的附属品。我们在表达赞美时,一定要把重点放在对方身上，而不要转移到对方的其他附属品上去。

例如：

这双鞋穿你身上真漂亮！

这句赞美强调了主体的作用，是穿在你的身上鞋子才漂亮。但是在现实生活中，很多人往往不注意这点，都会说："你这双鞋真漂亮。"这句话重点强调了鞋子，而没有强调主体的作用，因此赞美的效果必然会大打折扣。所以我们在赞美某些附属物品时，最好是能突出主体的作用。

2. 共性赞美。共性赞美就是根据你选择的个性赞美做一个概括。

例一：

你刚才沏茶的动作太美了。我发现你做每件事情都很专业，真是佩服。

这里的"你做每件事都很专业"就是共性赞美。

例二：

这双鞋穿你身上真漂亮！你的眼光一向是那么好。

"你的眼光一向是那么好"就是共性赞美。

（四）及时原则。当对方获得成功时，比如刚升职、刚加薪、公司刚上市等等，要及时送上赞美，千万不要时过境迁再去赞美，这样就起不到赞美的作用了。

（五）适度原则。适度原则有三个切入点：

1. 赞美话语不能太多，点到为止。那么具体怎么衡量呢？一次赞美对方的句子数量，加起来最好是 5 句话以内，最多不要超过 8 句话。

2. 赞美的次数不宜过多。具体的衡量标准就是某个时间段内，针对某个人，赞美的次数最多不要超过 3 次，否则会让对方认为你在谄媚。

3.赞美的程度不要太过。在赞美时,你不能过分夸张,否则会让对方认为你在应付或者讽刺。

例如:

你唱得太好听了,比周杰伦唱得都好,应该让你去当《中国好声音》的评委。

这个例子中的赞美就属于过分赞美,让人感觉你在讽刺对方。

(六)多样性原则。不是只有你说出了赞美对方的话,才称为赞美。还有很多其他的方式,也是赞美。那还有什么方式呢?

从接力的第一个切入点:对人的肯定、赞美或关心中,我们就可以看出来。其实,有时我们的肯定或关心也是属于赞美的范畴的。比如对方说完某件事后你崇拜的眼神,比如你主动和别人打招呼,再比如你记住和对方有关的特殊事件,这些也都属于赞美的范畴。

二、魅力赞美技巧

我们经常使用的魅力赞美技巧有七个:

(一)赞美正在做+主观的积极因素。我们要赞美对方正在做的某件事情时,需要把重点放在对方做这件事情已经体现的主观因素上。因为这件事情的结果还没有展现,而赞美对方的主观因素会让对方更容易接受,并会起到事半功倍的效果。

例如:

我在线上学习群讲过,要养成每天坚持读几页书的习惯。如果有人告诉你,他要坚持每天读几页书,你在赞美时不要侧重于对方坚持每天读书的好处,而是要侧重于对方的这种努力程度以及改变自己的决心。因为这属于对方主观的积极因素。

（二）判断式的赞美。具体的公式就是：看人、识人、知人的技巧 + 赞美词。

例如：

你的耳垂这么大，一看就是有福的人。

（三）记住三句口头禅。第一句：你真体贴。第二句：你真善解人意。第三句：你考虑得真周到。这三句话使用时，一般是对方刚刚做完某件事情时。

（四）别人赠送礼物时的恰当表达。其实这也算是对他人赞美的一部分。表达时有两个切入点，一个是刚好需要，另一个是非常喜欢。

例如：

有人送你一本书，你可以这么说："我一直想买这本书，前段时间我去书店找了下，都没有找到，本来计划从网上买的，没想到你给我送来了。"

（五）第一次的鼓励性赞美。人生在世，会有很多的第一次。当别人第一次做某件事情时，千万不要忘记你的鼓励性赞美。句式一般是：第一次做到某种程度，已经非常不错了。再加上我们在第三个板块讲的高级赞美技巧中的解释，就更完美了。

（六）接力 + 中肯的话语。遇见别人赞美你的对手或敌人时，你要先接力，一般是肯定对方说的话，比如"是的"，然后再加一句中肯的话语。

例如：

他确实非常努力。

这样做不仅彰显你的大度，还有可能化解你们之间的矛盾。在这里，我要强调一点，很多人往往不会这么做，而是详述对手或敌人的种种错误。这样做对方一般会认为你不好相处，还有可能转告给你的对手或敌人，加深你们之间的矛盾。这样做完全没必要，正所谓冤家宜解不宜结，就是这个道理。

（七）逢物加价，遇人减岁（小孩除外）。赞美时，要把对方的物品的价格说得高一些，把对方的年龄说得比实际小一些，但是要把小孩的年龄说得比实际大一些。

三、高级赞美技巧

高级赞美有七个核心技巧：

（一）个性赞美+共性赞美+解释。这个技巧有点繁琐，但是只要理解了，你的赞美水平会立刻上升几个台阶。

个性赞美和共性赞美，我们在原则中已经讲到过了，所以不再赘述。

解释，主要是给前面的赞美做一个证明或依托，这样做不仅可以让对方认可你的赞美发自真心，而且还会对你的赞美记忆犹新。

解释有四个切入点：

1. 请教。解释的作用是证明自己刚才的赞美是真实的，或者是给刚才的赞美做进一步的依托，而请教就是一个最好的证明。请教的使用方法有三种：

（1）让对方提意见。

例如：

这双鞋穿你身上真漂亮！你的眼光一向是那么好，真是厉害。

我挑选鞋子就不行了,你能给我提点建议吗?

例子中的"你能给我提点建议吗",属于让对方提意见。

(2)寻求对方的经验。

例如:

这双鞋穿你身上真漂亮!你的眼光一向是那么好,真是厉害!你是怎么做到的呢?

例子中的"你是怎么做到的呢",属于寻求对方的经验。

(3)询问对方的行为动机。

例如:

这双鞋穿你身上真漂亮!你的眼光一向是那么好。真是厉害!我发现你的鞋子主要以某个牌子为主,有什么原因吗?

例子中的"我发现你的鞋子主要以某个牌子为主,有什么原因吗",属于询问对方的行为动机。

2. 类比。我们把对方和已知可以匹配这方面的人做一个类比。

例如:

这双鞋穿你身上真漂亮!你的眼光一向是那么好,你的眼光和我认识的一位服装搭配师朋友的眼光非常相似。

例子中"你的眼光和我认识的一位服装搭配师朋友的眼光非常相似"就是类比。再比如,你的身材太好了,太漂亮了,像林志玲!

3. 对比。对比有两种用法:

(1)客观群体对比。一般使用在不太熟的人之间。

例如:

这双鞋穿你身上真漂亮!你的眼光真好,一般人很难做到。

这个例子中,"一般人很难做到"就是一种客观群体对比。

(2)自己对比。这种一般用在比较熟的人之间。

例如:

这双鞋穿你身上真漂亮!你的眼光一向是那么好。哎呀,我就不行了,总是不会挑哪些最适合我。

例子中的"我就不行了,总是不会挑哪些最适合我"就是与自己对比。

4. 实例。实例就是列举出能证明你赞美对方的具体例子。

例如:

这双鞋穿你身上真漂亮!你的眼光一向是那么好。上次你和我一起逛街帮我挑的鞋子,他们都说非常适合我。

例子中,"上次你和我一起逛街帮我挑的鞋子,他们都说非常适合我",属于证明对方眼光好的例子。

(二)巧妙运用第三者赞美。这一技巧有两个切入点:

1. 通过他人。如果我们和对方第一次见面,这个技巧可以迅速拉近双方的距离。如果我们和对方已经认识,那么这个技巧会增加对方对你的好感。

例如:

以前我去拜访口才比我好的人,我都会说,某某说你的口才非常好,能口吐莲花,字字珠玑啊,一直想找机会向你请教下,今天很幸运终于有机会了。

一般我这样一说,对方都会非常高兴。接下来,对方自然会把自己的经验都告诉我。

补充一点:哪怕没人这么说过他,我们这么说时,他也不会找到这个人去求证的,因此这个技巧我们尽管去用就可以。

例如:

我一直听别人说,你家孩子很懂礼貌!今天过来后,发现确实非常懂事,跟个小大人似的。你是怎么培养的?

2.通过现在的社交软件,比如微信朋友圈等。

例如:

你想赞美你的领导,正好你的领导请你们吃饭和唱歌了。那么你可以发个朋友圈,赞美下自己的领导,说有这样的好领导,一定要全力工作,不负期望。

(三)赞美+与已知第三者并列。

例如:

说实话,我收到过很多的赞美,几乎听过就忘了,但是有一个人的赞美,我到现在都记忆深刻。他说:"王老师,到现在为止,我只佩服两个人,一个是纵横家创始人鬼谷子,另一个就是你。"

在这里,鬼谷子就是已知第三者。

(四)不可或缺的赞美。这一技巧有两个切入点:

1.例外。

例如:

我很少佩服别人,但是你是个例外。

2.唯一。只有对方可以帮我们,只有对方可以做得更好,或只有对方才可以完成。

例如:

山高路远坑深,大军纵横驰奔。谁敢横刀立马?唯我彭大将军。

(五)引其向优的赞美。这个技巧,我们在前面的章节中已经详细地讲过了。如果你忘记了，请现在马上复习下相应的公式。

（六）背后的赞美。背后的赞美有两个切入点：

1. 赞美时不直接面对被赞美者。这样的赞美如果传到对方耳中，对方必然认为你的赞美是发自内心的、真实的，会起到事半功倍的作用。

2. 引荐赞美。在将对方引荐给其他人时赞美对方。

例如：

有一次我和张老师一起出去吃饭，刚好碰到了某个协会的会长。我对张老师说："张老师，这位就是我经常和你提到的韩会长，非常热心，给我们帮了很多忙。"

（七）向主体赞美第三者，最好是当面赞美，也可背后赞美。这里的主体指的是当时最重要的人，比如在单位里是指领导；去给长辈拜寿，则是指长辈。这种方式的好处就是可以用一句赞美获得两份回报。

例如：

农历三月初四，是我姥爷86岁的生日。当天临近中午的时候，我们给他定了个蛋糕。因为老人家喜欢喝酒，又给他买了两瓶好酒。我小姨夫也给姥爷买了两瓶酒，酒的包装很大气，两条巨龙刻在上面。

当时我就当着小姨夫的面，对姥爷说："姥爷，这酒很好啊，包装也很大气。我小姨夫真会挑！姥爷您又有口福了。"

吃饭时我敬姥爷酒时，姥爷说："小王，咱这个家里，我就喜欢听你说话。"为什么叫我小王呢，因为这是我对象的姥爷，所以他称呼我为小王。当我敬小姨夫酒时，我说："您随意就行，我这一杯都干了。"

因为当天晚上要给线上学习群的朋友讲课,所以我没有喝酒,喝的是饮料。但是小姨夫把还有一半的白酒,一两多,一口就干了,我都没拦住。然后小姨夫还说:"改天等你有空的时候,我一定要请你吃个饭。"

这个例子中,一句"这酒很好啊,包装也很大气。我小姨夫真会挑!姥爷您又有口福了",就得到了两个人的认可,这就是高情商说话的魅力。

四、赞美的禁忌

赞美的禁忌有三个方面:

(一)避免加上限定非友好客观条件。

例如:

对于你这样的从农村出来的人,能有今天的成就,已经非常不错了。

在这里,"从农村出来的"这个限定就是非友好客观条件。

(二)避免反义赞美。你的赞美放在以前完全可以,但由于对方刚刚出现了和你的赞美不相符的情况,如果你依然还这样赞美对方,那么就会有讽刺的意思了。

例如:

某个人最近公司遭遇危机,借了很多钱。而你说对方有商业头脑,日进斗金。

这个赞美就属于反义赞美了,非但得不到对方的好感,还会让对方反感你。所以我们以后在赞美时,要尽可能多的先了解情况,

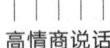

排除可能会出现风险的赞美。

（三）避免歧义赞美。这个主要讲的是赞美的侧重点。

例如：

我们口才学习群的爱丽丝同学，结合自身的情况，非常热心地给需要帮助的朋友解答问题。很多人在赞美她的时候，都说她声音很好听。

这个例子就是歧义赞美，因为我们赞美的重点应该放在解决问题方法的好坏、爱丽丝同学的热心上，而不应该放在声音上。在他们的基础上，简单加上一句，就不会有歧义了。他们可以这么说："你的解答太棒了，受益匪浅。此外，你的声音也非常好听。"

巧妙回复别人夸赞的妙招

在高情商说话技巧中，巧妙地赞美别人和巧妙地回复别人赞美，是一个高情商人的必备技能。巧妙赞美别人，我们在上一个章节中刚刚讲完。而我们即将讲到的巧妙回复别人赞美的公式，共分为两个部分：基本原则＋魅力回复技巧。

一、基本原则

（一）及时回复原则。现实生活中，有很多的朋友在听到对方夸赞自己后没有根据对方的赞美及时给予回复；也有很多朋友想回复却不知道如何回复，因而采取了沉默的方式。

这种方式，很容易让对方感觉我们傲慢，不利于人际交往的进行。因此当我们面对别人赞美的时候，应该给予及时的回复。

（二）正确区分原则。别人对我们的赞美，按照性质可以划分为三类：第一类是发自内心的赞美，第二类是社交客套的赞美，第三类是具有讽刺意义的赞美。对于前两类的赞美，我们回复的方式，可以采取我们第二板块讲到的魅力回复技巧。

对于具有讽刺意义的赞美的回复，我们可以采用应对别人故意刁难的公式来解决。应对别人故意刁难的公式，我们在前面的章节中已经讲过了，核心就是接力打力。接力有四个切入点，打力有十个切入点。如果你忘记了，请先翻到相应的章节复习下。

（三）具体问题具体分析原则。我们在学完第二个板块后，你会知道很多的回复技巧。但是具体使用时，要根据不同的场合来定。有时面对相同一句话的赞美，如果你是领导，那么你的回复内容和你是同事身份的回复内容必然不一样。这一点，我们在第二个板块中也会讲到。

（四）回复预答原则。这个原则和我们在应对尴尬问题中的第一个板块尴尬预答的技巧是一样的。回复预答的意思就是当我们料定对方会赞美我们时，我们完全可以提前想好回复的话语。这样我们在回复对方时，会显得更加自信。

比如你最近刚提了一款新车，那么当别人看见后，必然会依据车对你进行赞美。针对这种情况，你如果提前想好回复话语，那么回复对方时自然会变得很简单。

二、魅力回复技巧

（一）直接说出感谢词回复对方。比如谢谢、谢谢你的赞美、谢谢你的认可等。这种方式一般在陌生人赞美我们、不熟的人赞美我们时使用。

如果对方的赞美带有贬义，而且你还不想使用应对别人故意刁难的方法，那么我们完全可以这么回复。

我们从小的成长环境一直讲究谦虚，因此在面对别人赞美时，很多人会本能地进行否定和否决。这样的结果往往会出现我们所谓的尬聊，同时也会降低我们本身的情商和魅力。

例如：

A 说："这件衣服穿在你身上真漂亮！" B 回复："你别说了，我买的时候，被卖衣服的给忽悠了，我现在都想去退了。"

这样的回复，其实也在说夸赞你的人审美有问题。可能 B 在回复时，本意是想谦虚一下，但他这样回复不仅没有达到谦虚的效果，还可能无意中表达了 A 的审美有问题的意思。这样的回复让 A 根本没办法再接话，很容易出现尴尬的气氛。

（二）谦虚词/感谢词 + 转移重点。当关系不太熟的人赞美我们时，我们可以使用这个技巧回复。

常用的谦虚词：哪里哪里、不敢不敢、你客气了、哪有哪有、愧不敢当、谬赞了等。感谢词，我们在上一个技巧中已经讲过，不再赘述。

关于转移重点，在回复别人赞美时，我们常用的有四个：

1. 转移到相关的他人。

例如：

有人夸你这项工作完成得很好，你可以这么说："哪有哪有，这都是我们团队一起努力的结果。"

在这个回复中，"哪有哪有"属于谦虚词/感谢词。而后面提到的我们的团队就是属于和这项工作相关的人。

2. 感谢相关的人。上面的例子也可以这么回复：

谢谢，这次多亏了我们部门小明的帮助，我得好好地感谢他。

在这个回复中，"谢谢"属于谦虚词/感谢词。而后面提到小明就属于感谢相关的人，缘由就是对方的帮助。

3. 转移到客观环境。

我们经常会听到很多父母面对别人夸自己的孩子懂事、聪明、可爱的时候，会采取错误的回答，比如，哎，你是没有看到他在家里的时候，总是调皮，不听话。

如果你这么回复的时候，孩子不在场，不会产生不利的影响。但是对方这么夸赞的时候，往往孩子都会在现场。如果我们的孩子在家确实比较调皮，那么孩子听完你的回复后，估计以后会更加调皮，因为他们会想反正自己的父母已经承认了这个事实。如果你的孩子在家非常乖巧听话，你说完后如果没有及时和孩子解释，那么你刚才的回复必然会给孩子错误的引导。

那么我们应该怎么回复对方的夸赞，才会既得体又不会给孩子造成不好的影响呢？

你可以这么回答：

哪里哪里，现在的生活条件比以前好太多了，小孩都比较聪明。

或者这么回答：小明，快谢谢阿姨。然后再说：现在的生活条件比以前好太多了，小孩都比较聪明。

第一个回复前半句使用的是谦虚词；第二个回复前半句使用的是感谢词。后半句内容都是相同的，把小孩聪明的原因归结为客观环境：现在的物质生活条件提高了。

4.转移到具有因果关系的事物上面。

例一：

有人夸你非常勤奋。你可以这么回复："哪里哪里，我这个人比较笨，因此勤快点，勤能补拙嘛。"

这个回复中，"哪里哪里"属于谦虚词/感谢词。后半句把勤奋的原因归结为自己笨，属于转移到具有因果关系的事物上面。

例二：

别人夸赞你，这件衣服穿你身上真好看。你可以这么回复："谢谢，我太胖了，穿这件黑色衣服显瘦点。"

这个回复里"谢谢"属于谦虚词/感谢词。后半句把好看归结为衣服的颜色显瘦，属于转移到具有因果关系的事物上面。此外，这个回复在使用时，如果你的身材确实稍微丰满，那么所呈现的效果最佳。

（三）谦虚词/感谢词+固定句子。这个技巧经常在回复不太熟的人的时候使用。

固定句子，指我们回复对方夸赞的常用回复语，比如你过奖了、这次运气好等。

例如：

对方夸你："公司成立时间这么短就上市了，前途无量啊。"你可以回复："哪里哪里，你过奖了。"当然你也可以回复："谢谢，这次运气好。"

这两种回复中，前半句都属于谦虚词/感谢词。后半句属于固定句子。

（四）谦虚词/感谢词+向你学习/多多指导。这个技巧一般在回复领导或长辈的赞美时使用。

例如：

谢谢刘总的认可，以后还需要向您多多学习。

（五）接受+回赞对方。

1. 接受。使用时有两种用法：

（1）显性。使用谦虚词/感谢词，一般用来回复关系不太熟的人。

（2）隐性。直接去掉接受这个部分，一般用来回复关系比较熟的人。

2. 回赞对方。回赞对方包括两个切入点：

（1）万能回复语。由于所有夸赞的话语都是经过对方的口说出，因此我们直接回赞对方的口才好即可。

如果关系不太熟，可以使用显性的接受+万能回复语。比如，谢谢，你真会说。再比如，哪里哪里，你的口才太好了。

如果关系比较熟，可以使用隐性的接受+万能回复语。比如：你太会说了，我太喜欢听你说话了。

（2）上升到对方对某类东西的研究。这里面的某类东西，一般指的是对方夸赞我们具体内容的共性分类。

比如对方夸赞你刚买的法拉利，那么共性分类就是车。

例如：

你刚提了一辆法拉利。对方说："这辆车太帅了。"

如果关系不太熟,采用显性的接受+上升到对方对某类东西的研究。比如,谢谢,看来你对车非常有研究。

如果关系比较熟,采用隐性的接受+上升到对方对某类东西的研究。比如,看来你对车非常有研究啊。

(六)接受+适当谦虚。在这个技巧中,接受的两种使用方法,都用在对关系不太熟的人的回复上。

适当谦虚有两个切入点:说自己应该做和说自己还有不足。

例一:

不敢不敢,这都是我应该做的。

在这个回复语中,前半句属于接受中显性的谦虚词,后半句属于适当谦虚中的自己应该做这一切入点。

例二:

您客气了,我还有很多不足。

在这个回复语中,前半句属于接受中显性的谦虚词,后半句属于适当谦虚中的自己还有不足这一切入点。

(七)接受+进一步的认可+我方状态。这里的接受也是用来回复关系不太熟的人,这一点和第六个技巧中讲的内容一样。

进一步认可,指的是进一步确认对方的赞美。

我方状态,主要指能描述我们此刻状态的积极词汇。比如高兴、开心、幸福、幸运、满足等。

例如:

谢谢,能得到你的称赞,我太幸福了。

在这个回复中,"谢谢"属于接受中显性的感谢词;"能得到你的称赞"属于进一步的认可;"我太幸福了"属于我方状态。

（八）调侃回复对方。这个技巧一般用来回复关系特别熟的人，不包括自己的领导或长辈，但是如果领导或长辈属于特别喜欢开玩笑的或者非常开放活泼类型的，也可以用这种方式回复。

调侃回复对方的关键就是五线三点法，这也是我们做到句句幽默的核心方法。

由于我们已经在说话幽默的公式中讲过，因此我们在此不做过多阐述。熟练应用五线三点法，我们不仅可以做到句句幽默，而且对于提高我们自身的情商，也有非常大的帮助。

例如：

1. 有人夸赞你孩子聪明、可爱，你回复："你也不看看他爸爸是谁。"

2. 有人夸你穿的衣服好看。你回复："我就喜欢和有审美眼光的人做朋友。"

3. 有人夸你漂亮或帅。你回复："因为我读书多。"

4. 有人夸你年轻有为。你回复："哎呀，你怎么净说实话。"

5. 有人夸你努力。你回复："低调低调，再说一遍。"

6. 有人夸你工作出色。你回复："求人不带这样的。"

7. 有人夸你幽默。你回复："哎，做圣人太难了，还是喜欢听到这些拍马屁的话。"

8. 有人夸你口才好。你回复："今天吃了什么好东西了，嘴巴这么甜。"

9. 有人夸你身材好。你回复："哈哈，还是小李子会讨朕喜欢。"

10. 有人夸你皮肤好。如果对方皮肤也还可以，你回复："你怎么可以抢我的台词。"

请结合五线三点法对以上的回复做分析。

（九）肢体回复。这个技巧一般用在回复关系特别亲密的人，比如夫妻、情侣、父母和孩子等。肢体回复，如亲吻对方的额头，拥抱对方，抚摸对方等。比如，当孩子称赞我的时候，我会亲孩子的脸颊作为回应。

下部：综合应用

五　好口才让谈判占尽主导权

高效谈判的说话技巧

成功谈判共有四个板块。成功谈判＝谈判意识＋核心推演＋主导技巧＋锦上添花。

一、谈判意识

我们需要明确谈判的五个意识：

（一）双赢意识。虽然说谈判交接和战场相似，但是又不完全一样，谈判的目的在于双赢。只有双赢才可以长久地发展下去，除非你明确知道这次谈判只是一锤子买卖。

例如：

我曾经拜访过一个谈判超级厉害的人，由于涉及个人隐私，名字不能告诉大家。不过他曾被评为中国十大经济人物。他以前的谈判都是通过各种技巧塑造未来价值，把合作商的利润压到最低。但是时间长了后，他当初描绘的未来价值并没有兑现，合作商没有赚到钱，就纷纷终止合作。从那以后，他的谈判理性了很多，开始注重双赢。

（二）持续猜疑意识。谈判的过程是一个不断寻求对方真实意图以及底线的过程。只要谈判没有结束，你就必须保持这种意识，实时观察对方的举动，从而得出最佳的针对措施。

（三）说服意识。其实，我们可以把谈判的过程当成是一种特定环境下的说服行为。既然是说服，那么一定要记住一点：不要说我们想说的话，而是要说对方想听的话。

（四）利为根本。商务谈判用一句话概括就是天下熙熙皆为利来，天下攘攘皆为利往。如果有的商务谈判，你不能在明面上给对方足够多的利益，那么你需要私下的走动。

（五）付出意识。首先要说明的是，这里的付出不是一味地盲目付出，而是有章法的付出。我们应该明白一点：任何人的行为都离不开物质和精神这两个方面。

在某些程度上，两者是可以转换的，所以我们要学会付出精神方面的赞美、肯定、关心等来获得我们想要的物质利益。此外，我们也要学会适当地付出小的物质方面的利益来得到后期更多的物质利益。

例如：

你可能会发现，很多店会搞活动，进店就有礼品相赠。有时你去买水果，老板会说，你先尝一下，这就是小的利益的付出。你尝完后，一般都会买的，这就有利于老板获得下一步的更大利益。

这里的"礼品"和"先尝一下"都是付出小的利益，往往我们在接受了小的利益之后就会给老板们创造更大的利益。

以上就是谈判的五个意识，不要小看这些意识，它们在谈判中可以起指导作用！

二、核心推演

对对方可能会产生疑问的点提前进行梳理，做好相应的解答。核心推演的公式是接力＋解决问题＋主导。

我们已经在多个板块中使用过接力了，这里就不再赘述。

解决问题可以这么理解，只要我们可以很好地解决谈判中对方的问题，谈判的结果自然就是我们满意的。在现实生活中，对方有疑问时，我们要么不能很好地理解对方的意思，没有很好地解决对方的疑问，让对方心中的疑问消除；要么就是直接采取一种对抗的态度，最终造成了谈判的破裂。但是只要我们用心去做个总结，我们就会发现，对方的关注点都会集中在几个问题上，一般不会超过二十个问题。只要提前对这些问题做好相应的话术推演，按照接力＋解决问题＋主导的公式去执行，那么我们最终就可以得到想要的谈判结果。

主导是指我们可以在推演的时候，利用相应的技巧，在不知不觉中，化被动为主动，主导整个谈判。

三、主导技巧

（一）接力＋因势利导。因势利导有两个切入点：逐步引导和做好铺垫。

逐步引导指的是通过调动对方的情绪，慢慢地渗透，让对方接受我们的建议。

铺垫是指对实现双方合作有利的话语。

例如：

我有一个朋友，是一家央企的营销总监。2014年的时候，他们的项目刚好开始销售，特意邀请我去给他们项目的销售话术做了下修正。下面，我就结合部分相关的话术，给大家说一段对话。

销售顾问说："这就是我们项目目前的一个基本情况，你看还有什么地方需要我再详细解释下。"

客户说："为什么你们的项目比某某项目的单价高出将近3000元。"

销售顾问说："你说的这点很好，看来你对我们这里非常了解！你知道原因是什么吗？其实这就是购买我们项目的关键。"

客户一般回答为什么或者沉默，等着销售顾问继续说。

销售顾问说："如果一个独栋，单价1.5W一平，而另一个虽然是1.8W一平，但是买一平，再赠你一平，你会买哪一个？"

客户一般回答："肯定选择后者。"（或者只是点头）

销售顾问说："其实这就是为什么我们单价高的原因，因为我们是6米的层高，可以分成两层！"

客户说："虽然你说得很有道理，但是说实话，现在你们还没有完工，我对你们项目还是有点顾虑。"

销售顾问："你太谦虚了，我知道你在市区有自己的办公物业，对这一块是非常了解的。市区的办公物业层高一般都在2.7米左右，我们是6米的层高，隔开两层是完全没有问题的。有的人一楼不隔，做一个高挑的大堂，像酒店的大堂一样，对于提升公司的形象是非常有帮助的。其实，我们非常愿意和你这样有自己办公产业的人交谈，因为你们什么都懂。"

客户回答："我们懂什么，和你们比差远了。你做这块有多少年了？"

销售顾问:"不瞒你说,我做销售顾问有5年了,客户都对我评价还可以。因为我始终站在客户的角度思考问题,此外你看我就知道了,我一般做事比较干脆,有什么说什么。其实,我看我们两个人的做事风格挺像的,做事果断,干净利落。"

客户一般会回答:"其实人呢,有时做事果断点反而比较好,总是犹豫不决很难做成事。"(客户回答类似的话,但是很少有说对方做事不干脆的,除非对方是其他项目的间谍。)

销售顾问接着说:"确实是这样,跟你在一起谈任何事情都很轻松。因为明白人吧,不用我做过多介绍,一点就通。其实,我们项目就需要像你这样有经验又有决断力的老板。你看如果没有其他异议的话,我就把定金合同拿过来,我们一起看一下。"

客户一般会回答:"好的。"

在这个例子中,开始时,客户有疑问,销售顾问说:"你说的这点很好,看来你对我们这里非常了解!"这就是很好的一个接力,使用了接力中对人的肯定、赞美或关心这一切入点。

客户问:"为什么你们的项目比某某项目的单价高出将近3000元。"如果销售顾问直接回答:"因为我们的层高比一般的多出一倍,可以分成两层,所以单价高。"虽然这样回答和例子中的回答一样能够解决顾客的疑惑,但是对方接受的程度是完全不一样的。

例子中的销售顾问使用了逐步引导,让客户不自觉地做了很多选择题,让客户感觉这一切都是顺其自然,并且他会不自觉地认可销售顾问的建议,最终内心中还会有种恍然大悟的感觉。这就是逐步引导的妙用。

销售顾问在回答对方问题"做这个行业多少年了"时,引出了:"我一般做事比较干脆,有什么说什么,其实,我看我们两个的做事风格挺像的,做事果断,干净利落。"这句话就是一个很好的铺垫,说对方做事果断和干脆是有利于迅速实现双方合作的话语,有利于快速地签订定金合同。

销售顾问在对客户说做事果断后,又做了一个铺垫:"跟你在一起谈任何事情都很轻松。因为明白人吧,不用我做过多介绍,一点就通。其实,我们项目就需要像你这样有经验又有决断力的老板。"这个铺垫说对方什么都懂,而且还有经验和决断力,那么自然不需要多说多解释,而是应该交定金了。所以最后顺理成章地出现了最后的核心一句:"你看如果没有其他异议的话,我就把定金合同拿过来,我们一起看一下。"

(二)接力+多义引导。我曾经也讲到过,中国的文化博大精深,我们讲的话往往都可以有好几种意思,但是在某种特定的环境下,只有一种意思。但是当这种意思不适合我们作答时,我们可以把其他对我们来说最有益的意思来作为解释。多义引导就是利用对我们最有益的意思来理解对方的问题,同时去引导对方将注意力转向其他方面。

上面的例子中,客户说:"虽然你说得很有道理,但是说实话,现在你们还没有完工,我对你们的项目还是有点顾虑。"这句话的意思很明显,就是项目存在未知数。按照客户的意思来理解这个问题,销售顾问很难回答,即使是央企,也有烂尾的情况,这些都是有可能出现的问题,所以这属于一个基本无解的问题。只要我们项目还没有完工,这个问题对我们来说都是非常不利的,必须转换。

销售顾问的回答是:"你太谦虚了,我知道你在市区有自己的办公物业，对这一块是非常了解的。市区的办公物业层高一般都在2.7米左右，我们是6米的层高……我们非常愿意和你这样有自己办公产业的人交谈，因为你们什么都懂。"接力之后将话题又引到层高上。

（三）接力+故事引导（戴高帽）+观点。故事引导（戴高帽）就是针对目前谈判过程中，出现的大家都比较关注的问题，讲一个有利于自己这方的例子，这个例子最好是核心推演时准备好的例子，当然也可以是自己临时编造的例子。

例子说完后，一定要赞美对方，也就是所谓的戴高帽。这个赞美也可以看成是有利于解决这个问题的铺垫，最后说出自己的观点。谈判中，如果对方一直强调我们的价格高，你可以使用这个方法。

例如：

王总，我特别理解你现在的感受。这样吧，我给你讲个真实的故事。我有个朋友的公司，是做机械自动化生产的，他们刚开始找合作商时，一家的报价明显比对方高很多。当时他就非常排斥，并没有深入考虑到这家合作商提供的产品质量和售后服务的优势，选择了报价低的那家合作。后来机器总是出问题，而且厂家的服务也跟不上，严重影响了生产。王总，你做这个行业的时间很长了，经验和阅历也不是一般人能比的。你知道我们之所以价格高，就是我们机器质保的时间比一般的生产商延长了5年，而且售后的保障也是绝对一流的。

这个例子中，"我特别理解你现在的感受"使用的是接力中的对阶段的感同身受这一切入点。"我有个朋友的公司……严重影响了生产"就是故事引导。"你做这个行业时间很长了，经验和阅历不是一般人能比的"是戴高帽。"你知道我们之所以价格高,就是我们机器质保的时间比一般的生产商延长了5年,而且售后的保障,也是绝对一流的。"这句话就是观点。这样按照公式说完,就很好地解决了客户的顾虑。

（四）借他人、他地、他时、他事。只要是谈判,难免会出现双方僵持的情况。我们要知道,之所以出现僵持,是因为对方认为我们还有可以让步的空间。所以我们必须通过这个方法,让对方认为已经到我们的底线了,从而促进最终谈判的成功。

1. 借他人。

例如：

你说的这个要求,我现在不能解决,我需要回去后,请示我们领导。

假如你就是最大的领导怎么办？那也不能立刻做决定,可以这么说：

你说的这个要求,超出了我们的既定范围,我需要回去和我们的团队再仔细核算下,才能给你答复。或者说,你说的这个要求,超出了我们的既定范围,我需要回去和我们几个合伙人商量下,才能给你答复。

给大家一个建议,在谈判时,老大能不出动就尽量不出动。因为老大是我们这方的底牌,只要底牌在,我们始终是可退可进的。

2. 借他地。

例如：

这个地方不太安静,我知道有个非常好的茶馆。我们去那里,一边喝茶一边谈吧。或者说,现在时间不早了,我们找个吃饭的地方,一边吃饭一边谈吧。

3. 借他时。

例如:

这次谈判就先到这里吧,我们各自回去再仔细考虑下,然后再约定时间详谈。

4. 借他事。

例如:

本来计划一次性采购1000台,既然这样,那就先采购100台吧。

(五)小付出。我们在谈判出现僵持或者出现胶着状态时,我们可以采取小付出的方式,让双方可以谈判成功。这里的小付出,强调一个"小"字,不是原则性的付出,而是我们可以灵活掌控的付出。

例如:

我们的这个价格确实已经到底线,不能再低了,不过我们可以给你把保修期多延长半年。或者说,我们的这个价格确实已经到底线,不能再低了,不过我可以亲自监督安装,保证过程一切顺利。或者说,我们的价格确实已经到底线,不能再低了,不过我可以在付款期限上给你多延长一个月。

例子中的"把保修期多延长半年""亲自监督安装""付款期限上延长一个月"都不是原则性付出,属于小付出。

其实,我们使用小付出的目的,就是让对方知道我们已经到了底线,但是为了促进谈判的进行,我们愿意多去付出,从而赢得对方的认可,促进谈判的成功!

(六)声东击西。这个谈判技巧属于阳谋策略中的一种小方法,一般用不到。使用的前提是对方先做出一些违背常规的行为，我们也不想和对方建立长线的合作，那么我们才可以采取声东击西的技巧，得到自己想要的。

例如：

去年张老师的妻子去某个商场逛街。有位服务员的态度非常不好，张老师妻子为此很生气。当时店里有个活动，买一套夏季运动装送一件背心，总共价格是580元。张老师表现出对运动装很认可，对背心一点都不喜欢的态度。因此，服务员必然认为张老师是为了运动装来的。

张老师一再要求，只想要运动装，最后问多少钱。对方看客定价，就把运动装价格说得很高，背心不值钱。这样对方一般都会买了，即使只买运动装，自己可以再把背心单独卖了，多卖点钱。这家店背心的价格一般在150元左右，但是这个服务员却对张老师说："运动装550元，背心30元。"

张老师表现得很吃惊："怎么可能？背心才30元。"张老师在和对方确定完背心是30元后，和对方说："好吧，给我把背心包起来，我要背心。"对方完全没有料到会来这一出，但是也没办法，只能认栽。

这个例子中张老师使用的方法就是声东击西。这个例子也给了我们一个启示：我们做很多决定时，要充分考虑到，另一个方向发展的结果出现时，我们能不能接受。如果不能接受，最好按照规则来，不要耍小聪明，投机取巧。

（七）提前破冰。提前破冰包含两个方面：

1.通过前期的铺垫，这里的铺垫指的是已经通过一些方式，和对方的核心领导关系处理好了，那么这个时候的谈判只是走个形式而已。

2. 如果不适合前期铺垫，那么谈判前能有机会一起吃个饭、喝个酒或是喝杯茶，都非常有利于正式的谈判。

（八）心理致胜。关于心理致胜一定要注意两点：

1. 哪怕对方是你特别崇拜的人，你也要知道，接下来的谈判双方是平等的。你代表的是你这一方的利益，所以你不能把自己放得很低，一定要平视对方。如果有握手环节，你坚决不能两只手握住对方一只手。

2. 如果在谈判过程中，遇到特别难缠的人。比如总是反复提某个次要问题，这个时候你想处于主动位置，达到不战而胜的结果，可以使用我们之前讲过的独眼龙对视法，面带微笑，同时两只眼睛紧紧盯住对方一只眼睛，这时对方一般就会回避眼神或者低下头，甚至会有一种莫名的恐惧，这时你的一个小目的就达到了。

（九）重视价格。商务谈判的核心永远是价格，价格谈判的技巧我们在下一章会有系统详细的讲解，在这里先简单说三个：

1. 要稍微夸张地向对方的报价说 NO。

2. 学会使用请示领导价格的方法。对方给的价格，即使你可以立马做主，但是也要说需要请示领导，然后再同意对方的价格。

3. 回避价格，小付出。前面讲过这个技巧，不再赘述。

四、锦上添花

一般的谈判合作注重的是长线发展，所以我们要善于画句号。这里的句号，就是给我们此次的谈判做一个圆满的结尾，同时加大长线合作的可能性。这里的锦上添花，我们也可以理解为另一种意义上的小付出。当然这种付出，也不是原则性的付出，而是我们可以灵活掌控的付出，但是会让对方对我们有很大的好感。

例如：

谈判已经结束，你可以这么说："为了加强我们后期进一步的合作，这次我们决定派我们技术最好的师傅全程跟踪监督调试。"

价格谈判的方法策略

价格谈判要想实现最佳的效果，不要单独拿出来使用，而是需要结合我们前面讲到过的谈判公式一起使用。

价格谈判分为两方，一个是买方，一个是卖方。买方压价和卖方抬价的策略各有九种。

一、买方压价策略的九种方法

（一）货比三家。货比三家的意思就是同样的货要进行三家比较。也就是说，要对你买的物品以及所提供物品的所有者，进行一个大致的了解。正所谓知己知彼，才可以百战不殆。

例如：

现在每月只要有空闲的时间，我就喜欢去我们当地的批发商城逛逛。其实目的并不在于买东西，而是放松以及观察人，因为我需要找更多素材来丰富我总结的高情商说话技巧。不得不说，即使是同样的东西，不同的商家给你的报价也是完全不一样的。所以说，通过货比三家，更有利于探求对方的底价，从而便于我们压价。

（二）还价有理。还价有理可以分为两步：

第一步，对于对方的第一次报价一定要否决。

第二步，你的还价一定要低于你的心理价位。

第一步一定要针对对方刚开始的报价，表现出吃惊或皱眉的样子，从而让对方知道他给的报价太高了。

经过对比以及观察，你必然会对这件物品有了你自己的一个底价。比如，一件物品，经过了解和压价，你认为值100元，但是你不能说："那就100吧。"因为这是你的底价，也就是底牌，是不能轻易说出来的。你可以说："80可以吗？"也就是说，你还价的价格一定要低于你的心理价位。

还价具体应该比心理价位低多少，一般会根据对方给你的第一次报价，以及你们的压价幅度和你的心理价位共同来定。我们的还价需要让对方看起来是合理的，否则就没法进行下去了。

（三）画饼策略。画饼策略有三个切入点：

1. 承诺长期。其实，这个很简单。比如，咱这次又不是一锤子买卖，以后必然还和你家搞合作。再比如，你就少挣点，卖给我吧。我下次还过来买你的东西，你就权当拉个回头客了。这个切入点在很多的时候，起到一个给对方台阶下的作用。真正能压下来的价格可能不是太多。

2. 量多探底。谈判价格的过程就是不断探求对方底价的过程。

例如：

前段时间我们全国自驾宣讲，定制了很多纪念衫。定制1000件和定制500件的价格是完全不一样的。假如你已经告诉对方定制500件，对方自然会给你一个报价。如果你接着问，那如果定1000件、1500件、2000件、3000件分别是什么价位。那么对方自然又会给你不同的报价。你通过报价，必然会更加了解对方的底价。此外，你还可以说，我们这次是单次的预算，只能定500件，但是我们还会继续定，大约总共有3000件。对方一般会做出让步。

这个例子中，不仅使用了量多探底，还使用了长期的切入点。其实，至于后期是否还从对方这里拿货或者拿多少，都是后话了。

3.假装大户。这个切入点如果你用好了，会帮你省很多钱。这里的大户，指的是能持续长久且大批量消化对方产品的买家。有持续长久和大批量这两个要点。

例一：

前段时间，张老师家刚换了新房子，打算自己装修。张老师就问我怎样讲价能帮他省最多的钱。我说："我可以告诉你高情商说话的技巧。学会这些技巧之后，不仅能帮你省钱，还帮你省时间。但是有个条件，最后你需要把省下的钱给我一半，你能接受吗？"

他痛快地说，"没问题，就算全给你也值了，至少我学会了说话技巧。"我当时就是给他出了假装大户这个方法，据张老师自己说，我帮他总共省了将近5万左右。当然我没有要他一半的钱，不过张老师请我去号称七星级的酒店里吃了一顿饭。

他去买装修的材料，以及找装修的师傅，和卖家说自己是装修公司的，是在帮业主装修房子。你要知道商家也不傻，所以我就把我一个学生正在做的套餐装修的模式以及和商家交谈的一些小的注意事项也告诉他了。商家一听，是新的装修公司，自然看中了他后期的持续长久消费能力,直接把专门给装修公司的价格给他了。谈判的时间非常短,但是谈判的效果是最大化的。

这就是假装大户,例子里的张老师假装是装修公司,为自己省了很多钱,商家也没有损失,只是这次赚得稍微少了一些。

例二:

线下的演讲特训营会用到耳麦,便于给学员做练习时使用。当初买的时候,是陈老师在淘宝上买的。刚开始,张老师自己去咨询,讲了很长时间,每个只给便宜8元。但是陈老师说自己是数码店的,先需要一个样机,直接便宜了58元。这就是差距!

(四)化零为整。

例如:

我们买一桶奶粉,需要500元,但是只能吃半个月。我们在和老板讲价时,就可以说:"太贵了,一年需要花一万多。价格太高了,再便宜点吧。"

其实,这个方法不仅把数字合理地夸大了,而且还暗示店家,我会一直在你家买的,要薄利多销。

(五)分开击破。有时我们需要购买的产品属于一个整体,这个整体包含着很多部分。我们可以单独就某个部分和卖家进行讨价还价。

如此讨价还价的目的有两个:

1. 直接从整体上把这一部分去掉,总体的价格自然就会降低。这么做的前提是这一部分,你确实不需要或者有更好的替代者。

2. 根据这个讨价还价的比例,大体知道对方的整体心理底价,为最终的价格谈判提供一个重要参考。

（六）巧借他人。巧借他人有两个切入点：

1. 借他人询价。通过电话咨询自己的领导，对于对方给出的底价，询问是否合适，然后再来压价。这个借助的领导，可以是真的领导，也可以是你的同事甚至朋友为了帮助你，暂时充当的领导。

2. 借助他人直接出面。在价格谈判陷入僵持后，直接请自己的领导出面来压价。这样也会在一定程度上，使对方在价格上做出让步。

（七）同情策略。利用自身现状获得对方的同情，直接获得最合适的价格。

例一：

你好，说实话，我是刚负责这一块。所以这次的谈判对我很关键，如果谈判不好，我可能会直接下课。当然如果这次的谈判进行得好，往后我们必然会长期合作。对待朋友，我一向很真诚的。

这里的"我是刚负责这一块。所以这次的谈判对我很关键，如果谈不好，我可能会直接下课"使用的就是同情策略。

例二：

我还是学生，经济能力不是很强，你再给我优惠点吧。

这里的"学生"也是使用的同情策略。

（八）适当压力。现在的市场总体上是买方市场，所以作为买方，是有一定优势的。有时我们可以用更多的选择性让对方降价。

例如：

说实话，某某家的产品和你的一样，但是每件的价格却比你的低10元钱。所以，如果你的价格依然还是这么高，那么我们就很难达成最终的合作了。

（九）让对方小付出。这一点我在前面已经讲过，不再赘述。

例如：

朋友租房子，当时她已经大致和房东谈好价格了，再要求房东降低价格的可能性很小，这个时候就可以让对方小付出。比如应该从今天开始算租房子的日期，可以和对方谈把租房的日期延后10天。这种延后日期的做法，房东一般都会接受。如果一个月的房租是6000元，那么其实也就是让对方把价格降了2000元。

二、卖方抬价策略的九种方法

（一）合理定价。合理定价有两个切入点：

1. 价格的选定原则。随着现在的信息越来越公开化，产品的价格也变得相对透明了。想利用信息不对称狠赚一笔的可能性越来越小，甚至几乎没有可能。

在制定初步报价时，我们就要学会有章法的定价。当然价格制定时要稍微高点，这样对于我们后期的谈判会留有余地。价格谈判时，降容易，但是再升的可能性很小。此外，后期的降价也可以彰显我们合作的诚意，为进一步的谈判达成做好铺垫。

目前比较好用的定价方法有两种：

（1）百分之一法。把你期望的价位再加上百分之一，就是你给对方的初始报价。

（2）中间差价法。以你的期望价位为中间点，把对方给出的低于你的价位的差值，再加到你期望的价格上。比如，一件物品你的期望价位是100元，对方给你90元，那你的报价应该为110元。

2. 不同客户的针对价格。根据客户的不同性质，所售产品的不同性质，以及交货方式和支付方式等不同，而采取不一样的定价策略。

比如，针对长期稳定有持续消费能力的客户，我们自然会有价格的优惠。针对新的客户，为了后期的长线发展，我们也会有适当优惠。此外，针对一次性付全款必然比分期付款有优惠。再比如交货的地点、方式等也都会影响价格。

（二）巧借他人。巧借他人有两个切入点：

1. 自己扮演。

例如：

张哥，这个价格你可千万别告诉我们领导。这可是我们最后的底线，他知道后会撕了我的。其实也就是你了，如果换作其他任何人，都不能有这个报价的。此外，你也不要和其他人包括我们的同事讲这个价格。

2. 请示汇报。请示汇报的核心就是利用领导，这个之前也讲过，不再赘述。

（三）化整为零。这个方法其实和买方使用的化零为整是相对的。

例如：

一桶奶粉500多，吃半个月，可能很多人就感觉很贵。但是平均到每天仅需33块钱，也就是很多人买一包香烟的钱，自然也就没那么高了。

（四）选择探底。有时作为卖方，我们还不能确定买方的真实意图，我们可以通过这个方法，探知对方的底细。

例如：

你给对方提供相似品种，但是不同价位的产品，你看对方的反应，你就会知道对方具体是看好哪一款了，并且也会了解其基本的心理价位。

（五）适当反悔。适当反悔有两个切入点：

1. 自己给自己台阶。有时我们刚报出价格时，不排除对方一听就终止谈判或者转身离去的情况，这时候就要自己给自己台阶下。

例如：

您先别着急，这确实是我们比较实在的价格了，如果您真心想买，您告诉我您的心理价位是多少？或者说，您留步，如果您真想买，您好歹还个价，我也好向我们领导申请下。

2. 原定价格的提升。这个切入点，使用的比较少。但是一旦使用好了，必然会让对方乱了阵脚。

例如：

济南的一个老大哥给我分享过一个发生在世界500强企业的故事。本来卖方已经报好初步价了，约定第二天谈判。正式谈判时，卖方突然把价格提高了。买方也没有料到对方会这样，并且怀疑自己的估算出了问题。最终买方被迫用超出自己心理价位的价格达成了交易。

（六）同情策略。同情策略就是利用自己现在不好的处境和阶段，获得对方的同情，不再和你继续讲价。

例如：

不瞒您说，我们这个行业今年不景气，所以我们也不期望今年能赚到钱，不赔钱就很好。我们现在做的就是吸引很多有价值的合作伙伴，所以我们给您的价格已经是最低，接近成本了，目的就是为了后期的长期合作。

（七）时间节点策略。

例如：

有段时间，我们线上的口才课的自愿付费价格还是998元的时候。当时有个朋友是这么说的："王老师，自愿付费950元可以吗？可以的话，我现在就给你转账。"我就会说："首先感谢对我的认可。因为是自愿付费，所以从来不讲价，请谅解。此外现在是998元，3天后就是5980元了。"

例子中"三天后就是5980元了"就是时间节点策略的运用，告诉对方你现在抓住这个机会，其实已经是在省钱了。

（八）强调差异化。有时我们的报价确实比市场平均的价格高很多，但是我们可能不是领导层，没有决策权。这个时候，应该怎么办呢？

我们最好先不要直接告诉对方价格，否则很有可能会把对方吓跑，而是先说自己的产品和同类产品相比较的独特和优异之处，然后再说出价格。这样会有利于最终价格谈判的成功！

（九）小付出策略。这个以前我们讲到过，核心就是回避价格，小付出。

六 恰到好处的酒桌说话魅力

酒桌上这么聊天别人才高兴

首先说一下对待酒席的态度,这也是我们这节主题的原则。我用以下两句话来概括:

在中国是无酒不成席,无酒不成欢。对于酒席,正确的态度是有礼、有利、有节。

有礼,就是我们的言谈举止要合乎礼仪的规范。

有利,指的是我们在酒席上的聊天以及劝酒、敬酒等行为,都要符合我们参加酒席的目的,对我们而言是利益最大化!

有节,我们每个人都知道酒喝多了对身体不好,因此有些没必要参加的酒席,我们可以委婉拒绝;对于必须要参加的酒席我们要学会保护照顾好自己。

有句俗话说得很好:"屁股决定脑袋。"我们参加酒席的角色决定了我们应该具体怎么交谈。参加酒席的角色有两种:一种是主动的组局者,第二种是被动的参加者。

一、主动的组局者

作为主动组局者的聊天公式有四种:

(一)请上司吃饭时,交谈的公式:合理邀约 + 点餐到位 + 合适主题 + 迎合 + 请教 + 合适敬酒 + 固定填补 + 细节言辞 + 伴手礼 + 圆满结尾。

1. 合理邀约。合理邀约有三个切入点:

(1)直接邀约法。如果上司帮了你的忙,你要表示感谢,那么邀约时,直接表达出邀约对方吃饭的目的是为了表达谢意即可。

例如:

刘经理,前段时间某某事情,给您添麻烦,您费心受累了。您看您什么时间有空,我想请您吃个便饭。

如果你就是想和上司联络感情,那么你也可以直接说:

刘经理,中午有空吗?一起吃个饭吧。

(2)假借餐厅、特色菜或酒。

例如:

经理,我这珍藏了一瓶好酒,要不要今天晚上找个地方尝尝?

或者说,经理,长江路上最近刚开了一家特色餐馆,据说饭菜不错,要不要今天晚上去品尝一下?

(3)请教。

例如:

刘经理,我有事找您商量,可以一起吃个饭聊聊吗?

或者说,刘经理,我在工作中遇到了一些难题,想咨询您点建议,可以和您一起吃个饭聊聊吗?

2. 点餐到位。

请上司吃饭，你要提前了解上司的喜好以及忌口的饭菜。点餐时，先把菜单递给上司说："刘经理，您先请。"

绝大部分上司不会要菜单，而是会说："你点吧，我随便都可以。"这个时候，你再去点餐。点餐需要注意四点：

（1）重复忌口和喜欢。如果你知道上司的忌口和喜欢，你就说："我记着您是不吃辣，喜欢吃海鲜，是吧？"如果你不知道，要询问说："领导，您有什么忌口的，喜欢吃什么？"

（2）问特色，重复忌口。第一个注意点做好后，要问下服务员："你们店里有什么特色菜？"服务员推荐后，你再问是否是上司忌口的食物，比如上司不喜欢吃辣，你可以这么说："你们这个菜，辣不辣？"或者说，"你们这个菜可以不放辣吗？"

（3）询问上司是否可以。第二点定好后，要询问上司："经理点这个菜可以吗？"

（4）点菜的数量一般是人数的1.5倍，如果特别重大的场合，也可以是2倍。在一般的场合，两个凉菜顶一个热菜。重要的场合，凉菜不算在内，根据人数的二分之一来点，比如8个人，可以点4个凉菜。

具体点菜价格以及数量，要依据自己的现实情况来定。看到这里大家可能觉得比较麻烦，点个菜还要说这么多话。没办法，和上司吃饭就是要这样，因为对方在很大程度上决定着你的将来。

3. 合适主题。

和上司的聊天主题，相对而言比较简单。记住一点，不要试图主导话题。你只需使用前面章节讲的共同话题的七个方面即可。

4. 迎合。迎合有两个切入点：延伸+提供价值点和提炼+升华。这两个切入点，我在前面的章节中已经详细地讲过，不再赘述。

5. 请教。这个板块是赞美别人的一个非常小的技巧，就是通过请教的方式，让对方感觉自己被尊重，从而更愿意和我们聊天。

例如：

刘经理，为什么您看待问题总是那么全面，有什么诀窍吗？

或者说，刘经理，为什么我学网球总是感觉很难呢？

这样请教还能为下一步的敬酒做好铺垫。

6. 合适敬酒。

如果你请的是一个上司，那么你一开始直接敬领导酒就可以，内容侧重于感谢、感恩上司对自己的帮助即可。如果请的上司比较多，你要请其中一位上司给你做主陪，那么你就是副陪了。具体的敬酒技巧，我们在下个章节会有详细的讲解。吃饭的过程中，你可以依据当时的情况，来判断什么时候敬酒以及敬酒的说辞，这些在下个章节都会有详细的讲解。

7. 固定填补。固定填补有三个切入点：

（1）请对方吃菜。

例如：

刘经理，您尝下这个菜，味道挺不错的。

或者说，刘经理，您多吃点菜，只喝酒对胃不好。

（2）请对方喝水。

例如：

刘经理，您多喝点水吧，只喝酒对胃不好。

（3）应对突发情况的言辞。有些是俗语，有些是我自己编的。

大家可以借鉴，用的不是太多，但是有备无患。

例如：

如果对方嫌弃你没有倒满，你可以说："刘经理，添酒添福，天增岁月人增寿啊。"

如果对方嫌弃你倒得太满，你可以说："刘经理，酒向杯外的都是福，您要是不撒点福，我们怎么能沾上您的福气呢。"或者说，"刘经理，酒洒开花，富贵荣华啊。"

如果杯子碎了，你可以说："刘经理，岁岁平安，富贵永伴啊。"或者说，"刘经理，岁岁平安，幸福永伴啊。"

8. 细节言辞。细节言辞有四个切入点：

（1）续酒水，忙点烟。

例如：

看见上司酒杯空了，可以说："刘经理，我给您加点酒吧。"

你看见上司要抽烟了，可以说："刘经理，我给您点吧。"

（2）醒酒及时。

例如：

你看见上司喝得不少了，可以招呼服务员上点热茶、醒酒汤或者水果等。

（3）及时提醒上司，看是否有东西落下。这个切入点需要在酒席即将结束的时候使用。

（4）结束，要嘱咐。

例如：

刘经理，您路上慢点。

9. 伴手礼。伴手礼可以根据你的情况来定。总之有付出必有回报,虽然你可能会认为当下并不是在求人办事,没有准备随手礼的必要,但是只要你准备了,而且对方也收下了,对你就有益无害。

10. 圆满结尾。圆满结尾需要强调两个点:

(1)询问上司是否安全到家,发信息或打电话都可以。

(2)如果你给上司准备了伴手礼,给了上司的司机,你一定借这个机会再提一下,以防司机忘记或没有给上司。

(二)请朋友吃饭时,说话公式是:点餐到位 + 节奏敬酒 + 聊天话题 + 适当迎合 + 主导话题不冷场 + 固定填补 + 细节言辞 + 圆满结尾。

1. 点餐到位,可以参考请上司吃饭的技巧。

2. 节奏敬酒。你请朋友吃饭,一般会坐主陪位置,动筷子之前,第一杯酒肯定要有,过程中的带酒敬酒以及最后的杯中酒都需要你来掌握节奏,具体怎么敬酒,我们下一章中会有详细的讲解。

3. 聊天话题。因为是和朋友在一起,所以不像和上司吃饭,有很多需要注意的地方。只要大家玩得开心、快乐就好,所以我们前面章节中讲到的快速和别人聊到一起的公式就都可以用上了。

4. 适当迎合。为什么是适当迎合?因为都是朋友,适当迎合就可以,否则就见外了。具体的方式有两个切入点,我已经在主导话题的公式中详细地讲解了,不再赘述。

5. 主导话题不冷场。因为你是组局者,所以你有让这场酒席不冷场的义务,你需要时刻关注酒桌的动态。主导话题不冷场有五个切入点:

(1)自己讲一个话题。

(2)让参与酒局的某个人开始谈论自己。比如,听说你上周刚提了新车。一般对方一回答,其他人一参与,场面就活跃起来了。

（3）借助敬酒活跃气氛。

（4）给大家讲某个故事或笑话。

（5）用固定填补方式,督促大家吃饭。

后面的三个板块：固定填补、细节言辞和圆满结尾,不再赘述。

（三）请客户吃饭,有上司在场的说话公式：点餐到位 + 合适主题 + 迎合 + 请教 + 合适敬酒 + 固定填补 + 细节言辞 + 圆满结尾。

我们可以看出,这个公式和请上司吃饭的公式一样。不同的是,你在点餐时要先考虑客户再考虑你的上司。此外,你的谈话一定要以配合你们上司讲话为主,适当迎合客人,不要去抢领导的风头。

请客户吃饭,没有上司在场的说话公式：点餐到位 + 节奏敬酒 + 合适话题 + 迎合 + 适时主导话题不冷场 + 固定填补 + 细节言辞 + 圆满结尾。

没有上司在场,说明你请客的人要么地位一般,要么就是你的身份已经是领导了,完全可以应对,没有任何问题。这个公式中的所有板块,我在上面都已经讲过了,不再重复。

（四）请家人吃饭,有长辈在场的说话公式：点餐到位 + 合适主题 + 迎合 + 请教 + 合适敬酒 + 固定填补 + 细节言辞 + 圆满结尾。

这个公式和请客户吃饭上司在场的说话公式差不多,唯一的不同是我们自己的心理可能会稍微放松一些。

如果没有长辈在场,或者我们和长辈的关系非常亲密,代沟不是特别大,可以玩或聊到一起。我们所用的说话公式和请朋友吃饭的类似,公式是：点餐到位 + 节奏敬酒 + 聊天话题 + 适当迎合 + 主导话题不冷场 + 固定填补 + 细节言辞 + 圆满结尾。

以上就是我们作为组局者主动聊天的公式。这些公式涵盖了95%以上的情况，其余的情况大家完全可以依据我们讲到的自己组合。

二、被动的参加者

当我们作为被动参加酒局者时，聊天的公式有六种：

（一）上司请我们吃饭时，合理要求点餐＋谨慎言行＋适当迎合＋适当的合适主题＋请教＋合适敬酒＋固定填补＋细节言辞＋感谢圆满结尾。

1. 合理要求点餐。我们需要明白一件事情，作为赴宴者，我们不应该在点菜时太过主动，应该让主人来点菜。这一个板块有三个切入点：

（1）拒绝点餐，说出忌口。如果上司单独请你吃饭，让你点餐，你可以这么说："刘经理，您点吧，我除了不吃辣，其余都可以，其实吃点也没事。"如果领导请很多人吃饭，问大家的忌口，你这么说也可以。

（2）必须点时，点一个菜，点完询问。如果上司单独请你吃饭，必须让你点时，那么你就象征性点一个菜，并且点完后一定记着说："刘经理，我点的这个菜，合您的口味吗？"

（3）必须点时，重复下忌口，点完报下你点的菜。如果领导请很多人吃饭，让你必须点菜时，你可以把前面的人已经说出的忌口重复一下。

例如：

李总不吃辣，张明不吃海鲜，李磊不吃油腻，我点地三鲜吧。

2. 谨慎言行。谨言慎行有四层意思：

（1）哪怕上司单独请你吃饭，你也不要过于兴奋，认为自己和上司成为非常好的朋友了，而是始终记住一点：不该说的话不要说！

（2）如果上司请很多人一起吃饭，你要做到顺其自然。不要一味地只想着出风头、哗众取宠，要遵从自己的内心，大部分时间做个好的观众，给予积极地反馈，比如鼓掌、赞美、微笑、点头等。

（3）不要提工作中的问题。

（4）充分利用敬酒的机会展现自己。

3. 适当迎合。为什么是适当迎合？因为我们是客人。此外，适当迎合是为良好谈话的开始做铺垫。适当迎合主要有两个切入点：延伸＋提供价值点和提炼＋升华。

4. 适当的合适主题。这个板块比之前讲过的类似板块合适主题多加了一个定语"适当的"。

因为上司请我们吃饭都是有目的的，吃饭的基本格调都定得差不多了，所以进行适当表达就可以。

5. 请教。

6. 合适敬酒。

7. 固定填补。

8. 细节言辞。

9. 感谢圆满结尾。

（1）感谢上司的这次酒席。饭局结束，一定要感谢上司的这次酒席，这样会迅速赢得上司的好感。

（2）询问上司是否安全到家。询问上司时发信息或打电话都可以，如果你感觉第一个切入点做得不够好，此时可以加上一句，也就是再次感谢上司的这次酒席。

（3）如果你临时有事要离开，一定要和上司说一下，并道歉。

例如：

刘总，非常不好意思，我临时有点急事，需要提前走了。然后再询问上司，是否有必要和大家也说一下。

（4）发出邀请下次聚餐的提示信息。

这个切入点一般在朋友、家人、客户请吃饭时使用。

例如：

下次我来组织，咱再聚一下。或者说，下次我来组织，咱去吃鱼。

（二）陪上司被请吃饭时，公式：合理要求点餐 + 合适主题 + 适当迎合 + 请教 + 合适敬酒 + 固定填补 + 细节言辞 + 感谢圆满结尾。

（三）朋友请吃饭。公式：合理要求点餐 + 聊天话题 + 适当迎合 + 请教 + 合适敬酒 + 固定填补 + 细节言辞 + 感谢圆满结尾。

（四）客户请吃饭。公式：合理要求点餐 + 合适话题 + 适当迎合 + 请教 + 合适敬酒 + 固定填补 + 细节言辞 + 感谢圆满结尾。

（五）家人请吃饭，公式：合理要求点餐 + 话题准备 + 适当迎合 + 请教 + 合适敬酒 + 固定填补 + 细节言辞 + 感谢圆满结尾。

（六）和很多陌生朋友一起吃饭的说话公式：合理要求点餐 + 前半场食客 + 适当迎合 + 请教 + 合适话题 + 合适敬酒 + 固定填补 + 细节言辞 + 感谢圆满结尾。

前半场食客具体是什么意思呢？把整个酒席按照时间划分两部分，前半部分你要少说话，多吃饭，多观察，积极回馈，及时点头，及时鼓掌，及时肯定，及时赞扬。

这样做可以让我们充分了解在场的新朋友，为下半场做好铺垫。后半部分，你要根据自己的情况，按照有利的原则，具体执行后面的板块内容。

以上就是我们作为被动参加者的说话公式。这些公式涵盖了95%以上的情况，其余的情况大家完全可以依据我们讲到的自己组合。

酒桌上这么喝酒气氛才好

酒桌上喝酒的公式分为两部分：第一部分是敬酒的技巧，主要讲的是敬酒的核心说话公式；第二部分是关键升华点，主要讲在酒席上如何少喝酒以及如何喝不醉。

一、敬酒的技巧

核心说话公式是：称呼＋敬酒铺垫＋敬酒主题模块灵活组合＋祝福未来＋喝酒引导。

（一）称呼。这个环节不仅是技巧的需要，还是个人高素质和情商的体现。

例如：

各位尊敬的领导，晚上好；刘总，您好；哥们、兄弟、朋友、帅哥和美女等，这些都是称呼。

（二）敬酒铺垫。敬酒铺垫有两个切入点：正式敬酒的铺垫和自由敬酒的铺垫。

什么是正式敬酒？什么是自由敬酒？

正式敬酒可以理解为敬大家的酒，一般是上司或长辈的敬酒，以及主陪、副陪等在酒席开始时的敬酒。

自由敬酒就是在正式敬酒结束后，酒席上的参与者根据自己情况找其他相关参与者的敬酒，一般指一对一的敬酒或多对一的敬酒，其中多对一时一般以其中一个人的敬酒词为主。

1. 正式敬酒的铺垫。

（1）告知对方敬酒数量＋具体数量的提示。

使用的范围：参与的人不属于同一个地区。因为十里不同风，百里不同俗，所以不同的地区，敬酒的规矩也是不一样的。

具体的一般表现在主陪、副陪的敬酒数量和喝酒的进度上面。喝酒的进度以白酒为例，就是指几口喝完这杯白酒。而啤酒一般都是一口一杯。

例如：

各位领导，各位朋友，我今天敬三杯酒，第一杯是欢迎酒。大家明白了吧。

例子中的"敬三杯酒"属于告知对方敬酒的数量。"第一杯是欢迎酒"属于具体数量的提示。

（2）直接告知具体数量。

使用范围：参与的人都属于同一个地区，基本的喝酒规矩都懂。

例如：

各位领导，各位朋友，咱喝第一杯酒吧。

"咱喝第一杯酒吧"属于直接告知具体数量。

2. 自由敬酒的铺垫。

（1）含有"敬"字的敬酒。

使用范围：上司以及关系不是太熟的人。这一点有两种句式：

①直接提出。

例如：

刘总，我敬您杯酒吧。

②请示提出。

例如：

张老师，我能敬您杯酒吗？

（2）直接表达喝酒的意思。

使用范围：非常熟悉的兄弟、朋友以及家人之间，或者上级对下级，长辈对晚辈之间等。

常用的句式只有一种，直接表达喝酒的诉求。

例如：

兄弟，来我们两个喝一个。或者说，小刘，来，一块走一个。

称呼和敬酒铺垫这两个板块，一般都属于必须包含在内的板块，但是板块与板块之间，你可以依据当时的状态灵活加入衔接词句。

例如：

各位领导，各位朋友，菜都上齐了，咱喝第一杯酒吧。

这里的"菜都上齐了"属于衔接词句。当然不加衔接词也是完全可以的，加上会使句子更丰富一些，是否使用要根据自己的情况来定。

（三）敬酒主题模块灵活组合。这个板块是敬酒的核心板块。为什么叫敬酒主题模块灵活组合？

敬酒单独用一个主题的情况比较少，一般使用两个主题的时候比较多，当然也可以用更多的主题。具体使用主题的数量，要依据你当时的情况来定。

我们经常使用的敬酒主题共有十七个。为了便于大家更好地理解每一个主题，我都会列举对应的例子，而且列举的所有例子完全遵循敬酒说话的核心公式：称呼＋敬酒铺垫＋敬酒主题模块灵活组合＋祝福未来＋喝酒引导。在例子之后，我会做一个针对性的分析。如果你在查看例子或分析时，对于祝福未来板块，以及喝酒引导板块的内容存在疑问。那么，你可以直接跳过（三）敬酒主题模块灵活组合，先学习（四）祝福未来和（五）喝酒引导。

十七个敬酒主题模块：

1. 欢迎主题。这个比较简单，就是欢迎对方的到来。一般是欢迎外地来的客人时使用，正式敬酒和自由敬酒都可以使用。

正式敬酒时，可以单独使用。

例如：

各位领导，各位朋友，我看菜都上齐了，咱们现在就开始。我今天敬三杯酒，第一杯酒，是欢迎酒，欢迎各位领导的到来。咱这次只是个开始，希望以后你们经常过来给我们指导工作。咱第一杯酒都干了吧。来！

这个例子中的说辞，就是严格按照我们的核心敬酒公式来说的：称呼（各位领导，各位朋友）＋敬酒铺垫（我今天敬三杯酒，第一杯酒）＋敬酒主题模块灵活组合（是欢迎酒，欢迎各位领导的到来）＋祝福未来（咱这次只是个开始，希望以后你们经常过来给我们指导工作)+喝酒引导(咱第一杯酒,都干了吧。来)。

"我看菜都上齐了,咱们现在就开始",这属于衔接词句。

自由敬酒时,欢迎主题一般不单独使用,会配合其他主题一起使用。

例如:

刘总,您好,我敬您杯酒。这杯酒一是表示欢迎,欢迎您来我们青岛。二是感谢,感谢您今天对我们工作的指导以及提出的建议,真的是受益匪浅,希望您以后经常过来指导工作,好让我们更好地进步。刘总,这杯酒我干了,您随意!

这个例子中的说辞,是严格按照我们的核心敬酒公式来说的:称呼(刘总,您好)+敬酒铺垫(我敬您杯酒)+敬酒主题模块灵活组合(这杯酒一是表示欢迎,欢迎您来我们青岛。二是感谢,感谢您今天对我们工作的指导,以及提出的建议,真的是受益匪浅)+祝福未来(希望您以后经常过来指导工作,好让我们更好地进步)+喝酒引导(刘总,这杯酒我干了,您随意)。

这个例子中的主题模块,不仅有欢迎主题,还有感谢主题,这就是两个模块了。等我们把所有的模块讲完,具体怎么组合,由你自己来定。

2. 感谢主题。具体使用时,要解释感谢、感恩的原因。在上面的例子中,我们使用感谢话题模块时,也大体地解释了原因"感谢您今天对我们工作的指导以及提出的建议,真的是受益匪浅。"

感谢主题切入点有两个:

(1)直接的感恩、感谢。这个切入点比较简单,也比较好切入,比如上司的栽培,上司的帮助,朋友的帮忙,前辈的指导等,都可以作为感谢的话题,但是要有具体的解释。

(2)间接的感恩、感谢,替他人感恩感谢。

例如:

刘总,您好,我敬您杯酒。这杯酒是表达对您的感谢,为什么这么说呢?小明是您的老下属,也是我特别好的朋友。他说您在工作中没少帮他的忙,总是对他很关照,作为他的好朋友我替他敬您一杯酒,表示对您的感谢。希望您以后继续多费心,多多关照。这杯酒,我干了,您随意。

例子中,"为什么这么说呢?小明是您的老下属,也是我特别好的朋友。他说您在工作中没少帮他的忙,总是对他比较关照,作为他的好朋友我替他敬您一杯酒,表示对您的感谢。"这一句话就是对感谢的解释。

这个例子中的说辞,也是严格按照我们的核心敬酒公式来说的:称呼(刘总,您好)+敬酒铺垫(我敬您杯酒)+敬酒主题模块灵活组合(这杯酒是表达对您的感谢,为什么这么说呢?小明是您的老下属,也是我特别好的朋友。他说您在工作中没少帮他的忙,总是对他比较关照,作为他的好朋友我替他敬您一杯酒,表示对您的感谢)+祝福未来(希望您以后继续多费心,多多关照)+喝酒引导(这杯酒,我干了,您随意)。

3.祝贺主题。祝贺主题有两个切入点:

(1)正式敬酒时,侧重于对所参与的人都有阶段性纪念的事件。

例如:

各位兄弟们,我看菜都上齐了,咱现在就开始。第一杯酒呢,是祝贺酒,祝贺我们这个月的目标顺利完成,希望我们以后再接再厉，下个月取得更大的成绩。来，我们一起干了。

这个例子中的说辞，也是严格按照我们的核心敬酒公式来说的：称呼（各位兄弟们）+敬酒铺垫（第一杯酒呢）+敬酒主题模块灵活组合（是祝贺酒，祝贺我们这个月的目标顺利完成）+祝福未来（希望我们以后再接再厉，下个月取得更大的成绩）+喝酒引导（来，我们一起干了）。

"我看菜都上齐了，咱现在就开始"属于衔接词句。

（2）自由敬酒时，主要侧重于对方刚取得的一些重大的成就。比如公司上市，比如政府扶持金到位，再比如孩子结婚，等等。

4. 借力感悟主题。借力感悟有三个切入点：

（1）天气。这个切入点一般借雨、大风和雪比较多。比如，前面章节中，我曾经给大家举过我巧借下雨说出天洗兵的例子。

（2）历史事件。比如即兴发言的技巧中，给大家举的借助奥巴马连任的例子。

（3）突发事件，突然看到的事物。这里一般指酒桌上的特色菜。

在此，我们仍以前面章节讲过的"老虎上山特色菜"为例，这个例子中的说辞，也是严格按照我们的核心敬酒公式来说的：称呼（各位）+敬酒铺垫（我再敬杯酒）+敬酒主题模块灵活组合（刚才上来了这道菜，我看见雕刻了一只上山的老虎啊，有句俗话说，老虎上山，不愁吃穿）+祝福未来（借这个菜呢，祝大家身体健康，事业蒸蒸日上，虎虎生威）+喝酒引导（来，我们干了）。

5. 谦虚主题。这个主题的主要切入点就是表明自己不善言辞，直接过渡到下一个板块。

例如：

刘总，我敬您杯酒吧。我呢，不善言辞，您见笑了，都在酒里了，祝您多赚钱，少烦恼，心想事成，万事如意。这杯酒呢，我干了，您随意。

这个例子中的说辞，也是严格按照我们的核心敬酒公式来说的：称呼（刘总）+ 敬酒铺垫（我敬您杯酒吧）+ 敬酒主题模块灵活组合（我呢不善言辞，您见笑了，都在酒里了）+ 祝福未来（祝您多赚钱，少烦恼，心想事成，万事如意）+ 喝酒引导（这杯酒呢，我干了，您随意）。

6. 荣幸主题。

例如：

刘总，我敬您杯酒吧。今天能见到您非常高兴，希望以后多多指教。这杯酒呢，我干了，您随意。

这个例子中的说辞，也是严格按照我们的核心敬酒公式来说的：称呼（刘总）+ 敬酒铺垫（我敬您杯酒吧）+ 敬酒主题模块灵活组合（今天非常高兴能见到您）+ 祝福未来（希望以后多多指教）+ 喝酒引导（这杯酒呢，我干了，您随意）。

7. 相似点主题。你要找你和对方的共同点，比如都是左撇子，都是老乡，都是校友，都不吃辣，都不吃海鲜，都喜欢网球，开的车都是一个品牌，500年前是一家，等等。

例如：

刘总，我敬您杯酒。我感觉和您太有缘分了，刚才听您说，您去年也自驾去过沙漠，我也去过，这都是缘分。希望以后咱多多接触，祝您事业顺利，恭喜发财。这杯酒，我干了，您随意。

这个例子中的说辞,也是严格按照我们的核心敬酒公式来说的:称呼(刘总)+敬酒铺垫(我敬您杯酒)+敬酒主题模块灵活组合(我感觉和您太有缘分了,刚才听您说,您去年也自驾去过沙漠,我也去过,这都是缘分)+祝福未来(希望以后咱多多接触,祝您事业顺利,恭喜发财)+喝酒引导(这杯酒,我干了,您随意)。

8. 敬佩主题。这个主题在使用时,必须要进行详细解释。

例如:

刘明,来,咱俩一起喝杯酒。说实话,我非常佩服你。作为80后,年轻有为,现在就已经身价过千万了。最关键的是你没有依靠任何人,而是靠自己一步一步白手起家积累起来的,这是非常难的,但是你做到了,所以不简单,值得我佩服。借这杯酒呢,祝你的事业越做越大,早日走出中国,走向世界。来,我们一起干了。

例子中,"作为80后,年轻有为……所以不简单,值得我佩服。"这一句话属于对佩服的解释。

这个例子中的说辞,也是严格按照我们的核心敬酒公式来说的:称呼(刘明)+敬酒铺垫(来,咱两个一起喝杯酒)+敬酒主题模块灵活组合(说实话,我非常佩服你。作为80后,年轻有为,现在就已经身价过千万了。最关键的是你没有依靠任何人,而是靠自己一步一步白手起家积累起来的,这是非常难的,但是你做到了,所以不简单,值得我佩服)+祝福未来(借这杯酒呢,祝你的事业越做越大,早日走出中国,走向世界)+喝酒引导(来,我们一起干了)。

9. 层次渐进。层次渐进有两个切入点:

(1)纵向的深入。比如我们都自驾去过沙漠,可以一起喝一杯酒。再聊,都去的是内蒙古,可以再喝一杯酒。再聊,都去的是腾格里沙漠，那么可以再喝一杯。类似这样的都是纵向延伸。

（2）横向累计。

例如：

各位朋友，我看菜都上齐了，咱现在就开始。第一杯酒呢，是祝贺酒，祝贺我们这个月的目标顺利完成，希望我们再接再厉，下个月取得更大的成绩。来，我们一起干了。

各位，第二杯酒，好事成双，我借第二杯酒祝在座的各位朋友以及家人都可以身体健康，开心快乐，心想事成，万事如意！来，我们一块干了。

各位，第三杯酒，三三不断，借这杯酒祝我们之间的朋友情谊天长地久。来，我们一起干了！

各位，第四杯酒，四季平安。第五杯酒，五福临门。第六杯酒，六六大顺。

类似这样的，第一、第二、第三的增加都是属于横向累计。

10. 引用对方的话语。在酒席上，我们可以以对方曾经说过的或是刚才说过的某些话、某些观点作为敬酒的主题。这个比较简单，不再详细讲解。

11. 心情主题。使用这个主题时，一般就是说自己现在非常激动、非常开心、非常紧张等，配合谦虚主题使用的情况比较多。

例如：

刘老，我敬您一杯酒。和您这么高级别的领导一起吃饭，我现在特别紧张，也特别激动，也不知道自己该说什么好了，反正都在酒里了，希望您以后多多指导。借这杯酒祝您身体健康，心想事成，万事如意！这杯酒，我干了，您随意。

这个例子中的说辞,也是严格按照我们的核心敬酒公式来说的:称呼(刘老)+敬酒铺垫(我敬您一杯酒)+敬酒主题模块灵活组合(和您这么高级别的领导一起吃饭,我现在特别紧张,也特别激动,也不知道自己该说什么好了,反正都在酒里了)+祝福未来(希望您以后多多指导。借这杯酒祝您身体健康,心想事成,万事如意)+喝酒引导(这杯酒,我干了,您随意)。

12. 名人名言。这个话题模块使用时,最好结合当时的实际场景做一下补充说明,而且引用时要点到为止,不能在前面加太多前缀。

前缀主要指名人前面的修饰性词语。比如春秋战国时期著名的教育家、政治家孔子说:"三人行,必有我师焉。"这里的春秋战国时期、著名的教育家和政治家都属于前缀。

例如:

刘总,我敬您杯酒。孔子说,三人行,必有我师焉。刚才听您讲企业的经营,讲得太好了,解决了我的很多问题。以后您就是我这方面的老师了,希望您以后多多指导,借这杯酒祝您事业顺利,恭喜发财。这杯酒,我干了,您随意。

例子中,"刚才听您讲企业的经营,讲得太好了,解决了我的很多问题。以后您就是我这方面的老师了。"这句话属于结合当时的实际场景做的补充说明。

这个例子中的说辞,也是严格按照我们的核心敬酒公式来说的:称呼(刘总)+敬酒铺垫(我敬您杯酒)+敬酒主题模块灵活组合(孔子说,三人行,必有我师焉。刚才听您讲企业的经营,讲得太好了,解决了我的很多问题。以后您就是我这方面的老师了)+祝福未来(希望您以后多多指导,借这杯酒祝您事业顺利,恭喜发财)+喝酒引导（这杯酒，我干了，您随意）。

13. 缘分主题。中国有十几亿人口，当天参加酒席的人，能在同一时间坐下来，聚在一起吃饭，这本来就是一种缘分，使用这个话题敬酒没有问题。

14. 第一次主题。这个主题模块也比较简单，有两个切入点：

（1）第一次相见。这完全可以作为敬酒的理由。

（2）以时间、地点以及事件等作为参照的第一次。比如，我们这个月的第一次喝酒，我们第一次在漠河喝酒，公司上市后的第一次一起喝酒等等。

例如：

兄弟，我敬你杯酒。咱两个是第一次在漠河一起喝酒，必须要好好纪念下。借这杯酒呢，祝我们友谊地久天长。来，干了。

15. 赞美主题。这个主题模块有两个切入点：

（1）运用第三者的赞美。

例如：

刘总，您好，我敬您杯酒。在见您之前，一直听王大哥提起您，说您特别热情，特别成功，还特别有爱心。今天见到您后，我感觉要跟您学习的东西太多了，希望您以后多多指教，祝您身体健康，事业顺利！这杯酒，我干了，您随意。

这个例子中的说辞，也是严格按照我们的核心敬酒公式来说的：称呼（刘总）+敬酒铺垫（我敬您杯酒）+敬酒主题模块灵活组合（在见您之前，一直听王大哥提起您，说您特别热情，特别成功还特别有爱心。今天见到您后，我感觉要跟您学习的东西太多了）+祝福未来（希望您以后多多指教，祝您身体健康，事业顺利）+喝酒引导

（这杯酒，我干了，您随意）。

（2）通过对比赞美对方。这个对比的对象，一般就是我们自己。此外，我们也要稍加解释，解释时最好举个合适的例子。比如，你可以说对方比你有毅力，感觉自己没有毅力，然后再举个自己没有毅力的小例子。接着引出我们要向对方看齐，向对方学习。

16. 问题互动。你先给对方抛出一个积极向上的引导词汇，然后再和对方互动。一般有初级和高级两种形式。

初级形式是抛出问题后，得到对方的肯定回答了，借此直接敬酒。

例如：

各位，我敬杯酒。我问下，你们高兴吗？（高兴。）好，那么我们就为高兴干一杯，希望大家永远开心快乐。来，我们一起干一杯。

高级形式就是针对你的问题进行高度的升华。

例如：

你说："各位，我来敬杯酒。我问下，你们高兴吗？"大家肯定回答高兴。然后你说："俗话说，高薪不如高职位，高职位不如高寿，高寿不如高兴，所以我提议我们为高兴干一杯，祝大家每天都笑口常开，永远快乐。来，我们干了！"

初级形式和高级形式的两个例子的说辞，也都是严格按照敬酒的公式来说的，比较简单，你可以自己做一下分析。

17. 俗话说+押韵的句子。这个话题模块的精髓，就是幽默说话五线三点法中的韵母押韵。

例如：

刘总，我敬您杯酒。俗话说，激动的心，颤抖的手，和领导吃饭必须敬杯酒。祝领导身体健康，心想事成，万事如意。我干了，刘总随意!

例子的说辞,都是严格按照敬酒的公式来说的。请按照敬酒公式自己进行分析。

还有一些押韵的句子,比如"老乡见老乡,喝酒要喝双""窗前明月光,疑是地上霜。举头望明月,喝酒要喝双"。我们可以根据韵母押韵的技巧,自己多造几个。

(四)祝福未来。祝福未来有两个切入点:

1. 希望。希望有两种用法:

(1)常来常往。一般用在欢迎异地来的朋友、客人。

例如:

希望您以后经常来给我们指导工作。或者说,希望您以后经常过来。

"经常过来"就是常来常往。

(2)多多指教或关照。

例如:

希望您以后多多对我们进行指导。

"多多对我们进行指导"属于多多指教或关照。

2. 祝福祝愿。这个比较简单,一般是根据对方现在的状态来决定祝福语。

例如:

祝我们这次合作成功。或者说,祝在座的每一位身体健康,工作顺利,心想事成,万事如意。或者说,祝身体健康,开心快乐,福如东海,寿比南山。

(五)喝酒引导。这个板块比较简单,就是引导大家准备喝酒。

喝酒引导的切入点有三个:

1. 让对方以茶代酒。敬不喜欢喝酒的上司或客人时使用。

例如:

晚辈敬您的第一杯,您以茶代酒,我干了,您随意。

这个切入点可以让你迅速赢得对方的好感。

2. 我干了,您随意。这个一般是针对第一次见的客人、朋友或者上司喝酒时使用。

3. 直接说明干杯。

例如:

来,我们干了第一杯。或者说,我们一起干杯。再或者说,我们干了。

敬酒技巧的五个核心板块,在实际使用时可以省略某些板块。一般是关系越熟悉越亲近,就越随意。根据具体情况,自己取舍。

二、关键升华点

关键升华点有三个切入点:

(一)少。少是指通过一些技巧,让自己少喝酒。这一个切入点,我并不提倡使用。因为在酒桌上万一被别人看到,会认为我们不诚实,对于我们个人来说是非常减分的。所以除非你有百分百把握,否则建议不要使用。

少的方法有四种:

1. 撒。喝酒的时候杯子故意拿得不是太稳,撒点酒。

2. 掺。用白开水或矿泉水掺白酒。这个一般都做得非常隐蔽,并且都是后半场趁着别人喝得差不多了再去使用。

3. 吐。一般就是把酒喝到嘴里，不下咽，找合适的时机拿起旁边的毛巾，吐到里面。或者假装喝茶水，把酒吐到茶杯里。这里的茶杯一般都是不透明的，不宜被察觉。此外，茶杯是半满的。茶杯吐满，就安排服务员换掉，再接着来。

4. 倒。倒就是趁着大家不注意，把酒倒在酒桌下面。

（二）缓。大家可以适当用一下这个方法，缓的方法有九种：

1. 解。服用解酒药。药店都有解酒药，可以自己去咨询。

2. 垫。你要吃点东西，不要一直喝酒。喝酒前要吃点东西，比如面包、馒头其实都是可以的，还可以喝点浓酸奶。

3. 淡。你在喝酒过程中一定要多喝水，用水来降低酒的浓度。

4. 慢。你在喝酒时不要太急，慢慢地、缓缓地喝，这样不容易醉。

5. 躲。你可以多去卫生间，并且可以在卫生间多待一小会儿。

6. 吐。这里的吐和上面讲的不一样，这里的吐是呕吐的吐。即使我们本来可以不吐，你也要到洗手间吐出来，而且吐的时候最好有和你一起喝酒的人在身边。这样就有人可以证明你确实已经喝多了。接下来，其他人一般不会再要求你喝更多的酒。

7. 卖。在符合礼仪的前提下，把自己的酒多倒给别人。

8. 说。你可以通过和对方多去闲聊的方式，减少喝酒的量。

9. 闪。如果场合不重要，可以借机中途有事离开。

（三）多。不喝酒也可以让对方对你刮目相看，对你印象深刻。我们都知道，在酒席上，不喝酒是很难融入其中的，你会非常尴尬。如果你用茶或者用水敬别人酒，特别是敬上司，他们在心里会对你有意见。

如果你确实有事不能喝酒，那怎么做呢？6字口诀：水对水，多喝水。具体什么意思呢？

你敬对方时，明确对方也要喝水，而且说明是你自己先坏了规矩。即使喝水，对方可以随意，你必须多喝，比如1:2，你比对方多喝一杯。或者1:3，你比对方多喝两杯。

所有人都知道，水喝多了甚至比酒喝多还难受，所以你的这种态度以及做法一定会让对方对你刮目相看。没办法，谁让我们不喝酒还想要融入酒席里面呢。

例如：

刘总，我敬您杯酒。刘总，我必须要道歉，因为今天有点感冒了，吃了点头孢，所以酒不能喝，只能喝水。现在，我敬您，您喝酒肯定不行，所以您也要喝水。而且，是我扫了喝酒的兴致，所以喝水时，您随意，我喝三杯，借此祝您事业顺利，心想事成，万事如意！

如果你不喝酒，你在酒席开始时就要和大家说明，你因为确实不能喝酒，只能喝水，但是喝水的比例由大家定。当然如果你怕他们定的比较多，你也可以自己定，和大家说一下就可以了。如果你既不想喝酒，也不想喝水，那么建议你可以委婉拒绝参加酒席，否则你会很尴尬，而且还会间接给自己减分。

七　家人间的和谐相处之道

这么与婆婆相处才没矛盾

72字口诀：

经济独立，不住一起，生活积极。

丈夫心齐，中间调剂，关系统一。

带看小孩，不是应该，理应感激。

讨好关系，顺应前提，情同母女。

另类婆婆，底线下移，原则需立。

维护丈夫，假意相迎，积极不理！

关于婆媳相处的作用，我们可以用一句话来概括，就是：家和万事兴。

一、经济独立

（一）外出工作。这里的外出工作，指的是女方不要在家里闲着，而是要找个工作，哪怕工资很低，也要坚持工作。我们不得不说的一个现象是，现在很多的婆婆会有一种思想，不仅想让儿媳多挣钱，而且还想让儿媳像古代似的，对老公和婆婆言听计从。

你可以想象一下，如果你成为家庭主妇，其他人家的儿媳月入几万甚至更多,你的婆婆难免不会对你有意见。这也必然会导致矛盾的出现。

所以我一直不建议女性成为家庭主妇,而是一定要有自己的事业。工资多少不说,至少能够获得应有的尊重,对于孩子的成长也是有利的。有自己的一份工作不仅会让你和丈夫有共同语言,得到对方的尊重,促进夫妻关系的和谐,也会让你的婆婆对你另眼相看。

(二)适当投资自己。这里的适当是指结合自己的家庭条件,要学会给自己花钱,比如美容、买新衣服、健身、不断学习等。但是前提一定要结合自己的情况适当投资,不可盲目,否则会起到相反作用。

(三)不可或缺。不管你工作与否,一定告诉你的丈夫,让他和婆婆说话时,要透漏你在这个家庭中不可或缺的地位,你经常能给丈夫在工作中提出合理的建议。

例如:

我的妻子自从准备怀孕开始,我就让她停下了所有工作。为了不让她完全闲在家里,我又给她重新在我们单位安排了一份工作,一周工作一天。但是我在和我母亲沟通时会说:"我对象现在全力帮助我,也幸亏有她,减轻了我很多的工作压力。"我还会说她在工作中具体负责的事情做得非常出色,其实有些事情是别的老师做的。但是我的母亲会认为,她儿媳非常优秀,自然会从内心对她尊重。

二、不住一起

(一)尽量不要和婆婆住在一起。婆媳住在一起,98%的概率会出现婆媳矛盾,所以我们不要试图去挑战这种大概率事件发生的可能性。你可以试想一下,你和自己的亲妈住在一起时间长了还会拌嘴，更何况是婆婆。

因此，你一定要在这一点上和你的丈夫达成一致意见，为了减少矛盾的出现，为了不影响你们夫妻的二人世界，更是为了家庭的和谐，不要和双方父母住在一起。

和婆婆住的最佳距离是一碗热汤的距离，意思是指我们这边做好了热汤，给对方送过去后，热汤还没有凉。这样的距离，既能避免住在一起产生矛盾，也便于我们照顾对方。

（二）在和婆婆短暂住一起的期间，一定要好好表现。如果婆婆只是短暂地住一段时间，比如过来帮你照顾月子，过来游玩，这是完全可以的。而且，在这段时间，你一定要好好表现。具体应该如何表现，我们后面会有详细的讲解。

三、生活积极

（一）未婚女性正确积极的婚姻选择。在此我要强调两点：

1. 不要刻意追求嫁入豪门，门当户对真的非常重要。除非你有足够的能力来处理这一切，包括但不限于你的为人处世之道、经营事业之道。

2. 不提倡闪婚。除了要充分了解你要结婚的对象外，对方父母的脾气、性格，你也要有个基本了解，并且反复问自己，内心能接受吗？这一点也很关键。

有的婆婆天生脾气好，性格好，通情达理，你自然会非常幸福。也有的会正好相反。所以一定要记住，结婚不仅仅是两个人的事情，一定是两个家庭的事情。有太多家庭是因为婆媳关系处理不好，最后以离婚收场。因此，如果你现在还是未婚，要仔细斟酌考虑，充分地征求你父母的意见，不要太盲目。

（二）学会善外、秀身、贤惠。从字面意思可以看出来有三个重点：

1. 善外。对外要表现得善良得体，尤其是和婆婆谈论起和他人相处时，一定多站在对方角度考虑问题。

2. 秀身。穿着和化妆不要太性感，当然也不要太俗气，适合自己即可。

3. 贤惠。虽然我们要有自己的事业，但是还要顾家。

（三）学会咨询婆婆的建议。现实生活中，和婆婆关系处理好的儿媳妇，几乎都是这个方面的高手。学会征询婆婆的建议，这样婆婆会感觉自己被尊重了，有时我们也会得到更加全面的、更有利于我们的信息，一举多得。

（四）多和婆婆聊天。请一定记住一点，沟通会让我们彼此相互熟悉，关系亲近，不仅有利于减少矛盾的出现，而且还会更好地了解对方。当出现矛盾时，我们也更容易解决。关于和婆婆的闲聊，我专门总结了10组词，30个字：报平安、问当下、寻建议、说打算、聊变化、谈有趣、评他人、议他事、会倾听、善接力。

1. 报平安。正所谓，儿行千里母担忧！所以你要出远门时，要及时告知婆婆自己的动态，请婆婆放心。到达目的地后，你可以告诉婆婆，不用担心，已经安全到达！如果时间允许，可以多聊会儿！如果时间不允许，简单报平安即可。

2. 问当下。问当下有四个切入点：

（1）问天气情况。

例如：

妈，你那边有没有下雨啊。我们这今天下雨了，下的还挺大。

（2）问身体状况＋好的建议。

例如：

最近血压正常吗？要按时吃药，适量运动。

（3）问正在做的事情。

例如：

妈，你在忙什么呢？

（4）问已经做过事情。

例如：

妈，你们吃饭了吗？或者说，妈，前段时间你说要在院子里种点菠菜，种了吗？

3. 寻建议。把你要做的事情或是正在做的事情告诉婆婆，问她有没有好的建议。

例如：

妈，我们打算换辆车。你说颜色是选黑色还是银色比较好？或者说，妈，8月份的时候，我们计划出国待段时间，是去加拿大还是澳大利亚呢？

4. 说打算。说打算就是把你的一些生活、工作的想法以及计划，分享给自己的婆婆。

5. 聊变化。这里的聊变化，主要侧重于聊自己、丈夫以及孩子的工作、生活中好的变化。比如升职了，加薪了，刚换了家具，刚换了车，孩子这次考试成绩很好等。

6. 谈有趣。这个比较好理解，自己经历的、听别人说的，或者自己看新闻看到的事情都可以在聊天时讲给婆婆听。

例如：

前段时间我妻子和我妈聊天时，讲到和孩子聊天，有时会自带幽默效果。我妻子说，今天下午，我去麦凯乐买了点东西。取车要走的时候，刚好碰到了一对母子。小孩估计也就2岁多点。对他妈妈说："一会真去卖可乐吗？"他妈妈说："还卖雪碧呢？一会咱去的地方是麦凯乐，我们喝的饮料才是可乐。"

7. 评他人。评他人有两个切入点：

（1）聊你和婆婆都认识人的好的或坏的变化。

例如：

妈，你还记得我们以前的那个同事小张吗？他上个月买彩票中奖了，中了100多万呢。

（2）聊公众人物的好的和坏的变化。

例如：

妈，卓伟的摄影师团队集体辞职了，你知道吗？

8. 议他事。议他事有两个切入点：

（1）侧重于国家或当地实行的有关政策法规。

（2）国家或当地最近发生的比较新奇的事情。

9. 会倾听。有时哪怕我们说得很少，但是认真倾听父母的话，也是一种聊天。

10. 善接力。接力的四个切入点，我们再强调一遍，第一个切入点：对人的肯定、赞美或关心。第二个切入点：对双方关系的肯定或认可。第三个切入点：对阶段的感同身受。第四个切入点：对事情的积极态度。

很多婆婆喜欢唠叨，我们作为子女的往往会反感，直接表现出不耐烦的情绪，有时甚至会和婆婆斗嘴。这时我们最应该使用的就是接力。

例如：

你由于粗心，忘记拿药匙，你的婆婆开始唠叨你。

那么你可以这么回答："妈，别激动，喝点水，否则对身体不好。"也可以这样说，"妈，如果我是你的话，有这样的儿媳妇，我肯定崩溃了。"还可以这样说，"妈，你放心，这是最后一次，下次一定注意。"

请分析例子中的三种回答分别用的是接力的哪一个切入点。此外，聊天过程中，偶尔使用我们讲过的巧妙赞美别人的技巧效果会更好。

（五）不说婆婆坏话。这一点，我们可以换位思考一下，如果你婆婆到处说你的坏话，你会有什么感觉。所以一定记住这点，己所不欲，勿施于人。

此外你更不要在丈夫面前说婆婆坏话，因为大部分丈夫会本能地否决你，还会认为你不孝顺，这会让你处于一种孤立无援的地步，所以要慎重、慎重再慎重。

那么如何才能争取到丈夫的帮忙，缓和婆媳矛盾，促进家庭和谐呢？我们接下来进行详细讲解。

四、丈夫心齐，中间调剂，关系统一

婆媳出现问题，丈夫必须要承担80%的责任。可见丈夫的身份在婆媳相处中非常重要。如果你认为你和婆婆的关系处理得不是很好，先不说你和你婆婆各自的问题，可以肯定的是，你的丈夫必然没有起到充分的调和作用。

为什么丈夫会起到这么重要的作用？因为没有一个母亲会不在乎自己儿子的感受和建议。当然人数上百，形形色色，因此我也不排除有极个别的奇葩母亲，由于自身的原因，也会不顾及儿子的感受。但是只要你的丈夫充分理解你，保护你，你也不会受到伤害，毕竟日子还是以你们夫妻为主。

那么如何才能让自己的丈夫积极地参与进来，充分地发挥好他的作用呢？做法有两种：

（一）和平时期的做法。首先，你需要找个机会和丈夫坐下来沟通一下，和你丈夫表达一下你的内心想法：你非常想对婆婆好，因为她把你丈夫养大，非常不容易，确实应该好好孝顺她。此外你也非常想有一个良性循环的家庭回馈环境，你对婆婆好，婆婆也会对你好，进而你对婆婆更好，婆婆也对你更好，如此良性循环。所以你需要丈夫配合一下你。

具体配合的内容，有三个方面：

1. 让你丈夫经常在婆婆面前说你的好话，侧重于你顾家和经常背地里赞美婆婆。叮嘱你丈夫，一定不要和婆婆说你的坏话。你要告诉你丈夫，你有做得不好的地方，一定要你们两个私下解决。因为一旦和婆婆说了，婆婆出于本能会维护自己的孩子，必然会在后期和你的相处过程中表现出来，可能会演化成不必要的矛盾，从长远看不利于家庭和谐，所以请丈夫配合这一点。

2. 送给婆婆的东西都要说成是你送的。不管你给婆婆买什么东西还是送给婆婆钱，如果你不在场，一定要让丈夫说是你买的或者说是你的主意。

例如：

妈，这是小丽给你买的保健品。或者说，妈，这些钱是小丽让我给你的，说让你自己买点喜欢的东西吃，不要怕花钱。

如果你在场，一定要亲自送到婆婆面前。这一点很重要，很多丈夫往往都做反了。比如我曾经批评过薛老师，他偷偷地给自己母亲钱，他媳妇根本不知道。这样会让婆婆以为，是自己的儿媳妇不孝顺。其实，有这样的丈夫，作为儿媳妇的妻子是最委屈的，因为她什么都不知道就被扣了一顶不孝顺的帽子。这样的丈夫，就是没有从全局考虑问题，在刻意制造矛盾。

有这样问题的朋友，一定要及时改掉。

下面，我给大家举个做法正确的例子。

例如：

前段时间，我母亲过生日，我们去给我母亲挑选了一件首饰。送给母亲时，我就是让我对象去送的。此外，我还对母亲说，我说没必要买，但是你儿媳非要给你买。现在我母亲逢人就说她儿媳给她买了件首饰。

3. 安排婆婆做事情，要让丈夫去说。如果丈夫不方便，非要自己去说，也要说是丈夫要求这么做的。

例如：

前几年春天，我们回我父母家。我担心刚停暖，家里冷，就想让我母亲提前把空调打开。因为当时我在开车，所以我对象说："我来说吧。"我说："好，但是一定要说是我说的，并且你在说完后，说你认为没必要开空调。"

我始终相信，无论是婆婆还是媳妇，都想要家庭和睦。只不过，有时处理问题的方式不正确，量变引起了质变，从而爆发了大的矛盾。因此，只要我们把有可能发生的矛盾扼杀在摇篮里，必然会家庭和睦，天下太平。

（二）非和平时期的处理方法。非和平时期，指你已经和婆婆出现了矛盾的时候。在此，我强调一点，一个巴掌拍不响，不管如何，作为儿媳，你也要承担一定的责任。假如这次矛盾，确实完全由婆婆引起，你也不要在你丈夫面前说你婆婆的坏话，这一点我们之前讲过。

我们应该充分发挥自己的特性。什么特性呢？女人是水做的，因此必须要学会以柔克刚，柔性解决问题。具体怎么做呢？

应对公式：表现不开心＋进一步主导话题＋自责担心＋请求建议。比如，你可以在丈夫面前表现得不开心，甚至偷偷地哭。丈夫必然会问，怎么了？这个时候，我们需要进一步地主导话题。主导话题的方法共有九种，此时最有效的是第二种欲擒故纵和第四种沉默控制。

例如：

丈夫看到你哭，丈夫必然问："你怎么了？"你说："没怎么。"这个时候，你丈夫会更加好奇，必然会问："没怎么，你怎么哭了？"这个时候，你就可以说，可能是自己的问题，导致了什么事情。你可以把发生冲突的事情说一下，让丈夫客观地了解一下。然后你再说："我主要怕你误会我，说我不孝顺，我现在也不知道该怎么做了。"

我们这么做的目的就是让丈夫始终站在我们的这一边。但是我再强调一点，如果确实是你的问题，你必须向婆婆道歉。否则，此种方式必然会起到相反作用！

五、带看小孩，不是应该，理应感激

（一）婆婆带看孩子是情分，不带看是本分。婆婆的责任是把你的丈夫养大成人，她没有义务再去帮我们带孩子，我们一定要从心里意识到这个问题。如果婆婆帮你带看孩子，一定要感谢婆婆，不要认为理所应当。

（二）面对婆婆，要正确称呼孩子。错误的称呼方法是，我儿子我女儿怎么样怎么样。正确的称呼方法是：您孙子您孙女怎么样怎么样。

这种说法肯定了婆婆在家庭中的地位和付出，会让婆婆有种被尊敬的感觉，也可以在无形中拉近彼此的距离，紧密彼此的关系。

（三）借助孩子表达对婆婆的喜欢和赞美。在表达赞美时最好使用您孙子、您孙女这样的称呼。

例如：

您孙子一天不见您，就说想您了。或者说，您孙子最爱吃您炒的茄子了，而且嘴越来越叼了，上次我们一起去酒店吃饭，点了个茄子，尝了一口就说远不如您炒的好吃。

如果你对你的婆婆这么说，她必然会非常高兴。

例子中的夸赞用的是巧妙赞美别人公式：个性赞美 + 共性赞美 + 解释。这里的解释使用的是对比切入点。

六、讨好关系

（一）物质讨好。物质讨好包含三个方面，也是大家经常忽视的三个方面：

1. 买需不买贵。我们给婆婆买的东西并不是越贵就越好，而是对方喜欢或者正需要的才算是最好的。有时你和婆婆聊天，知道了对方缺什么，你下次直接买来，必然会获得婆婆的欢心。

2. 外出旅游、出差要买好。有时去外地旅游或出差，也千万别忘记给婆婆带点小礼物或者当地的特色。东西不在于价格的高低和数量的多少，而在于你的心意。你要让婆婆知道你心里有她，时刻记挂着她。

3. 物为先，钱为后，两者结合为最佳。你在送婆婆东西时，如果自身条件允许，不仅要给婆婆钱，还要给婆婆买点东西，这是最理想的。

如果只能两者选其一，一定要给对方买东西，而不是给钱。为什么呢？

任何人都是有虚荣心的，你给婆婆买了东西，婆婆就会有机会展示给其他人看，获得他人的羡慕。很少有人会说，自己的儿媳给了自己多少钱。此外，你肯花时间为婆婆挑选东西，本身就是一种孝顺和付出。

（二）精神讨好。精神讨好包含四个方面：

1. 表里如一。现实生活中，很多人往往是背地里说婆婆的坏话，但是当着婆婆的面却夸赞婆婆。世上没有不透风的墙，这样做的结果，必然让婆婆对你的印象更加不好，认为你人前一套，背后一套。

如果你以前确实在背地里说了很多婆婆的坏话，现在又想去修正，应该怎么去做呢？有两种解决方式：

（1）真诚地道歉。公式：称呼＋道歉＋道歉原因＋补救/承诺避免＋请求原谅。

例如：

妈，对不起，我错了。上次你打电话问我在哪里？我不应该骗你说我不在家里。而应该实话告诉你，我在家里睡懒觉没起来。我保证以后再也不会骗你了，请妈原谅我这一次。

这个例子中的道歉是完全按照公式来的，称呼（妈）＋道歉（对不起，我错了）＋道歉原因（上次你打电话问我在哪里？我不应该骗你说我不在家里。而应该实话告诉你，我在家里睡懒觉没起来）＋补救/承诺避免（我保证以后再也不会骗你了）＋请求原谅（请妈原谅我这一次）。

（2）潜移默化。有的人可能不想采用第一种方式去解决这个问题，那么从现在开始，你要学会背后说婆婆的好话，然后在实际行动中好好表现即可。随着时间的推移，你的婆婆必然会感受到你的变化，关系自然就会变好。

2.学会巧妙夸赞。在巧妙赞美的公式中，适合赞美婆婆的技巧有很多。

例一：

妈，您买的樱桃真甜，您太会买水果了，为什么我买的樱桃总是不甜呢？

这个例子使用的是个性赞美＋共性赞美＋解释。

例二：

妈，上次我们一起去逛街，不是碰到了我一个同事吗？他昨天和我说,您太有气质了,而且一看就脾气很好,说我太有福气了,有这么好的婆婆。

这个例子使用的是巧妙运用第三者赞美。此外,你还可以运用第三者赞美的第二个切入点。

例三:

你把你婆婆刚给你买的樱桃传到朋友圈,说自己有个天底下最好的婆婆,下面必然会有很多人评论和点赞。如果你的婆婆刚好有你的微信,那么效果不用说。如果你婆婆没有微信,那么你可以把朋友圈的点赞和评论给你婆婆看看。

例四:

妈,到现在为止,只有两个人对我最好,一个是我姥姥,一个就是您啦。

这个例子使用的是赞美+与已知第三者并列。此外,也可以使用引其向优的赞美。这个赞美技巧特别适合应用于我们的家人。你想让你的婆婆成为一个什么样的人,你就要经常在这个方面夸赞她。在夸赞的时候,要按照个性赞美+共性赞美+解释的公式来说,这样的效果会更好!比如,你经常夸赞你婆婆脾气好,有时她即使想发脾气,一想到这些赞美,也会尽量克制自己。

你还可以使用背后的赞美。这样的赞美如果传到婆婆耳中,婆婆必然认为你的赞美是发自内心真实的,会起到事半功倍的作用,你的婆婆必然会对你非常认可和尊重。背后赞美和引其向优的赞美有异曲同工之妙!

赞美婆婆时也要注意下赞美的禁忌:第一个方面,避免加上限定非友好客观条件;第二个方面,避免反义赞美;第三方面,避免歧义赞美。这些禁忌我们在之前的章节中详细地讲过了，不再赘述。

我们在前面的章节中已经讲过巧妙赞美的公式，为什么这次又讲了这么多呢？因为在和婆婆相处的公式中，巧妙赞美的公式确实非常关键，可以用一句话来概括：好婆婆很大程度上都是媳妇夸出来的。

3. 学会正确地表现。正确地表现有四种表现形式和一个注意事项：

（1）借机干家务。不管你婆婆来你家，还是你去婆婆家，都要争取机会干家务。尤其是婆婆来你家时，你一定要干家务，而且尽可能不要让你丈夫干家务。在婆婆走后，你们家该怎样还是怎样。

（2）多说丈夫的好话。你在婆婆面前说丈夫的好话比你当面说婆婆的好话还能让婆婆开心。因为天底下所有的父母都是一样的，都想听到他人说自己孩子的好话。

（3）当丈夫和婆婆出现分歧时，站在婆婆这一边。为什么要这样？因为很多婆婆认为，自己的儿子和自己出现了分歧，一定是儿媳妇在中间搅和。如果你坚决地站在婆婆这边，你婆婆自然不会有这种担心，而且你们的关系也会更上一层楼。

（4）借机表达对丈夫的爱。面对婆婆，你要比平时更关心你的丈夫，对你丈夫更体贴和照顾。这样你婆婆不仅会放心，而且对你也会感激。

注意事项：不要当着婆婆的面和你丈夫太亲热。有部分婆婆会抵触这一点，会吃醋！

4. 五个一起，一个一教。五个一起是指一起做家务，一起逛街，一起吃大餐，一起去游玩，一起健身。一教是指教新鲜事物，比如拍一些短视频。

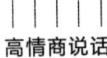

七、顺应前提

顺应，用一句话来概括：只要婆婆做的事情和说的话，宏观上遵纪守法了，微观上问心无愧了，你都要尝试去顺应对方。此外，千万不要试图去改变婆婆的观念，几乎没有可能性。我再强调一点，家是一个讲爱的地方，而不是讲理的地方，当我们试图去和婆婆讲理时，我们已经错了。即使你的婆婆当时碍于情面，认输了，但是绝对后患无穷。

因此，我们要学会顺应他们，这样你心情好，婆婆心情也好，大家自然都好。关于如何顺应，关键就是会接力，忘记的朋友抓紧时间复习一下！

八、情同母女

情同母女有四个切入点：

（一）婆婆是婆婆，妈是妈。我们在自己的亲妈面前，可以没大没小，可以开玩笑，有时甚至可以出现争执和分歧。因为亲妈一般不会和我们计较。但是婆媳毕竟和我们没有血缘关系，所以在婆婆面前要谨慎，尽量不要任性耍脾气。

婆媳相处，能够做到像母女已经非常非常出色了！此外，有的婆婆会说，自己没有女儿，或者说自己的女儿离得远，就把你当成亲闺女了。有这样的婆婆，你很幸运，但不要真把婆婆当成自己妈了，适当谨慎也是必要的！

（二）孝顺要一视同仁。虽然我强调婆婆是婆婆，妈是妈，但是在孝心上没有分别。无论是娘家、婆家，在关心孝顺这方面必须要一视同仁，请谨记！

（三）不要在婆家受了点委屈，就往娘家跑。在这里强调一点，和婆婆有了矛盾后，往娘家跑更要慎重。任何人的母亲在自己的孩子受了委屈后，都会站在孩子的这一边，除非自己的孩子有非常明显的错误。即使这样，自己的父母也会对你婆婆有意见！这种小的意见慢慢增多，最终必然会演化成不可调和的矛盾。

例如：

我在我们的小区有一名学生，这名学生在政府部门工作，去年刚结婚，他媳妇是个典型的富二代。因为一点小事情，媳妇和自己的婆婆出现了争执。媳妇一时想不开，就跑回了娘家。然后娘家人就过来找婆婆理论，刚开始是询问，慢慢变成争执，后来是争吵，最后姑娘的母亲和婆婆都动了手。据说，到现在两家也没有任何来往。本来是亲家，现在成了仇家了。

我们抛开上面的例子。即使你跑回了娘家，你的娘家想得开，没有过来找婆婆理论，你的婆婆也会自己猜想，刚出现了争执就往娘家跑，肯定会和你父母告状。这样既不利于你和婆婆相处，也不利于双方父母的相处！

（四）及时道歉。千万不要小看道歉的力量，我们前面说过了，婆婆是婆婆，妈是妈。如果你确实有错，那么道歉是最好的解决方式！

九、另类婆婆，底线下移，原则需立

正所谓，人数上百，形形色色。有的婆婆确实比较另类，有的非常不通情理，有的喜欢无理取闹，有的喜欢控制你和他儿子的一切行为，有的喜欢挑唆他儿子和儿媳的关系，有的甚至鼓励他儿子动手打儿媳，还有的喜欢把儿媳妇当丫鬟使唤等。

虽然这样的婆婆属于少数，但是你也有一定的概率会遇见这样的婆婆。假如你遇到了这种另类婆婆，你要学会底线下移，原则需立。

这里的原则主要指在和另类婆婆的相处中，作为儿媳妇的原则：尽量不要和另类婆婆产生正面的冲突，比如谩骂、打架。

尽管有时你确实有理，但是在中国的社会里，只要你和婆婆谩骂或吵架了，你就会被周围的人认为不孝顺，而且也会被认为没有家教，是有百害而无一利的。

虽然每个人都有自己做人的底线和原则，但是另类婆婆毕竟也是我们的家人，也是我们的长辈，因此我们对这样的另类婆婆要比对其他人更加宽容，这就是底线下移。这么做并不是要求我们就此成为另类婆婆的出气筒，逆来顺受，而是要求我们应该采取合适的方式，表达我们的意见，解决问题。

解决另类婆婆问题的方式有五种：

（一）少说话，少共事，分开住。

（二）交谈分析利弊。你可以抽时间和另类婆婆好好谈一下。交谈时，你要表现出你对婆婆的尊敬、想要孝顺婆婆的决心，以及对你丈夫的爱，你特别希望大家和睦、开心、快乐和幸福。

此外，你要告诉你的婆婆，如果你有做得不对的地方，你愿意去改，你也需要婆婆充分地认可和尊重自己。你一定要告诉你的婆婆，你们两个是你丈夫生命中最重要的两个女人，如果你们双方关系处理不好，不单是整个家庭会鸡飞狗跳，你丈夫也会有很大的压力，是最受罪的那一个，所以你希望能和婆婆和谐相处！

（三）说服丈夫和自己一起避免、缓和婆媳矛盾。如果你丈夫不同意或认为没必要，你可以撒娇，一般的丈夫都会同意的。假设你丈夫还是不同意，那么你就没必要再顺着你丈夫了。因为这是你丈夫不负责任，你需要冷落他，也就是不搭理他。

经过冷落，大部分的丈夫都会配合你。但是不排除有个别的丈夫依然会不配合，这就需要你在冷落对方一段时间后，采取书面表达的方式。你可以把你的初衷和婆媳关系的重要性，通过发信息或纸质书写的方式传达给对方！经过这些步骤，95%的丈夫都会配合你！

（四）发现另类婆婆完全无理的举动，找丈夫诉说。诉说的方式：表现不开心＋进一步主导话题＋自责担心＋请求建议。

但是在这里，我们需要把自责担心的板块去掉，直接由主导话题过渡到请求建议。你找丈夫说的这件事情，一定是你的另类婆婆完全无理的事情，任何人都可以看出是你婆婆的问题，你的丈夫也不例外。所以他也不可能给你提出建议，但是他会对你同情和体谅，为你下一步得到他的理解和支持做好铺垫，从而可以很好地避免婆媳矛盾。

（五）表现强势的一面给婆婆看。

例如：

前段时间，有位朋友因为婆媳的问题专门过来咨询我。她的性格有点软弱，因此她婆婆的行为也越来越过分，问我如何解决。我说，很简单。只要让你的婆婆看到你坚持原则、底线强硬的一面，她自然就会安分和有所收敛了。

解决方式：和你的闺蜜一起演出戏给你的婆婆看。演戏的内容是你闺蜜总是占你的便宜，你最终和闺蜜出现冲突了。整个过程的

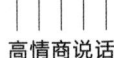

注意事项：1.在冲突过程中，要提及对方触碰了自己的原则底线。2.过程中，一定要表现得超级泼辣、超级凶悍、言语超级犀利。

虽然我们不能和婆婆吵架，但是没有说不能和其他人吵架，何况这个吵架还是假的。正所谓兵不厌诈，这种方式对于我们改善婆媳关系非常有帮助！

十、维护丈夫，假意相迎

即使你的婆婆是另类婆婆，你也不能当着丈夫的面说你婆婆的坏话，而是要夸赞你的婆婆。你有好吃、好玩的东西都要当着丈夫的面想到婆婆，哪怕是装的，你也要装出来，这对于改善婆媳关系至关重要，至少你会得到你丈夫的理解和支持。

例一：

你看到一件适合你婆婆穿的衣服，你可以和你丈夫说："衣服挺不错的，要不给咱妈买件衣服吧。"

如果你丈夫认为没必要，那么你就不需要买，但是在你丈夫看来，你是非常孝顺的，你丈夫会更加同情和支持你。

例二：

你们刚品尝了一个酒店的特色菜，特别好吃。你可以和你丈夫说："下次记着一定带咱妈过来尝下。"

例三：

你刚看了某个景点，特别好。你也可以和你丈夫说："下次带咱妈一块过来欣赏下！"

哪怕最终你并没有带你的另类婆婆去品尝特色，去看美景，但是你的目的达到了。你进一步获得了丈夫的认可、理解和支持！

十一、积极不理

（一）赡养老人是最基本的准则。不管你的婆婆多么另类，你必须承担赡养老人的义务。你的这种付出，最终会体现在你的孩子对你的孝顺上。

（二）点到为止。对于另类婆婆，你只需点到为止即可！也就是说表面说得过去就行了，尽量不要和对方见过多的面，不要和对方说过多的话，不要和对方一起做过多的事。

（三）接受缓和。如果你的另类婆婆提出缓和，一定要接受缓和。

夫妻和谐相处要这么做

夫妻相处的公式：核心原则 + 魅力技巧 + 谨记事项。

一、核心原则

核心原则一共有八个：

（一）讲爱不讲理原则。讲爱不讲理原则有四个切入点：

1. 夫妻一体。古人将夫妻比作连理枝，就是指两个人难舍难分，融为一体。有时出现了一些矛盾，你去和对方讲理，就好比是你和你自己讲理是一样的，这本身就是矛盾和可笑的。即使你在某些时候，在道理上占了先机，但是从总体来说，你依然没有赢，反而是输了。这样的讲理属于内耗，夫妻关系必然受影响，因为夫妻间相处是需要讲爱的，而不是讲理的。

2. 感恩对方。俗话说得好，百年修得同船渡，千年修得共枕眠。我们能和对方成为夫妻确实是缘分，因此我们需要发自内心地感谢对方，感谢对方能在自己有限的生命中，陪自己度过剩下的时光。我分享一个我的心得体会：

在日常生活中，我总是会自我暗示，暗示我现在是在做梦。既然是在梦中，我就永远是主角。因此，我会竭尽全力拼搏，从而可以在梦中更好地展现自己，服务他人。

既然是梦，那么就有可能随时中断。因此，我自然会竭尽全力感恩我身边的人，尤其是我的家人，感谢他们可以出现在我的梦中。我会在这个梦中断之前，尽力不让他们受一点委屈。

我个人感觉这个做梦的暗示对心态的调整有很好的作用，你可以借鉴一下。

3. 正确的给予。我们在前面的章节中反复提过，给予有两个方面，一个是物质层面的给予，一个是精神层面的给予。

怎样才是正确的给予呢？

例一：

一个朋友的朋友，是一个大姐，过来咨询我，请我帮忙解决她和她丈夫之间的问题。两个人算是白手起家，后来她就当起了家庭主妇，儿子在法国留学。在外人看来，他们应该是很幸福的。但是她说，他的丈夫在外面有人了，现在回家的次数越来越少了。

经过她的描述得知，她总是担心丈夫在外面有人。因此，丈夫一回家，她就开始查岗，而且还翻看丈夫的手机，总是和丈夫拌嘴吵架。试想一下,丈夫在外辛苦一天,本来想回家吃个晚饭,轻松一下,希望自己的辛苦被妻子理解和认可,但是等到的却是无休止的怀疑、不理解和不认可。她的这些做法导致丈夫晚饭不能好好吃,也感觉自己特别委屈。

经过分析,她的丈夫现在还是想维护这个家的,所以我给的建议是在给予的两个方面做一下改变。首先,不让自己待在家里,一定要有自己的事业。因为人一旦忙起来后,就没时间胡思乱想了,而且自身的精神面貌和气质也会发生变化。后来,她开了一家美容院,目的不在于赚钱,只要收支平衡就可以,哪怕是赔点钱也无所谓。

在聊天的时候,我了解到她的这个美容院还是非常赚钱的。此外,我还引荐她参加了女企业家协会和名媛协会,她也有了自己的朋友圈。每次丈夫回家,她都会亲自下厨为丈夫做喜欢吃的菜,也不再查岗,不再翻看丈夫的手机,而且非常感谢丈夫为这个家所做的付出,对丈夫非常支持、理解和认可。她有时也会为丈夫捶背和按摩,还会和丈夫一起泡脚。

不到两个月时间,她的丈夫就变得非常顾家,除了必要的应酬外,每天都会按时回家。

从这个例子中,我们也可以得出一个结论,付出和收获成正比。我们不要总是想着索取,让对方按照我们的要求去生活,而是要先去给予对方需要的东西,只有这样,夫妻之间才可以幸福相处。那么,正确的给予是什么呢?

物质方面的给予,比如为对方做可口的饭菜、买衣服。作为,丈夫精神方面的需求有三个方面:被欣赏和崇拜,被理解、认可、支持和尊重,妻子体贴和温柔。比如,丈夫回家,你说声辛苦了。

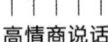

如果你不好意思说，给丈夫倒杯水也可以。

例二：

我一个学生的丈夫总是玩游戏，还经常熬夜，问我怎么办。我说，你首先必须要认为你丈夫玩游戏是因为白天工作太累了，是以前你不理解他、不认可他造成的。所以，你必须从两个方面来改变你丈夫。首先，你要告诉丈夫，他玩游戏是因为白天工作太累了，压力太大了，感谢他为这个家的努力付出。在丈夫玩游戏时，你可以倒杯热水放在他旁边。

此外，你还要考虑到丈夫玩游戏玩得舒不舒服，给丈夫换把更好的椅子。有时你还可以给丈夫准备好泡脚的水，放在丈夫的游戏桌下面；有时你可以在不影响丈夫玩游戏的同时给丈夫捶捶背，并且晚饭尽量提前做好！

不到两个星期，丈夫渐渐地感到愧疚。不到一个月，丈夫就辞职创业了，游戏也几乎不玩了。

这就是给予的魅力！因为家是讲爱的地方，不是讲理的地方。妻子精神方面的需求也有三个方面：喜欢浪漫、有安全感、喜欢被宠和被哄。

4. 知足常乐。知足常乐包含三个方面：

（1）闭眼看世界。结婚前，你要睁大双眼，仔细考察和观察你对面的人。但是结婚后，你要学会睁一只眼，闭一只眼。对一些小的非原则性问题，我们是可以忽略掉的。否则计较起来，必然会夫妻不和。

（2）接受而非忍受。通过第一个方面，我们要尝试接受自己的另一半，但不是忍受。如果对方的很多行为已经触碰了我们的底线，而且是屡教不改的,那么就需要从长计议了。

(3)学会知足。俗话说,人比人得死,货比货得扔。要学会比上不足,比下有余。学会发现自己夫妻生活中好的一面,一些恩爱的细节,一些感动的瞬间等。只有这样,你才会更加幸福。

(二)宽容理解原则。宽容理解原则有四个切入点:

1. 不能纵容。我们的宽容是有原则和底线的,只要对方做的事情宏观上遵纪守法,微观上问心无愧,我们完全可以宽容对方,因为我们毕竟是夫妻。

2. 主动和解。夫妻相处,难免磕磕碰碰。虽然我们不能谩骂和打架,但是适当保持沉默还是可以的。但是保持沉默的时间不要太长,否则就会有相反的作用。因此,在适当地保持沉默后,必须要有一个人主动和解。只有这样,夫妻才可以和谐相处。

遇到事情,建议你先找自身的原因,然后主动和对方和解。你也不要感觉委屈,因为夫妻本是一体,只有尽快缓和矛盾才是最有利的。

3. 适当忽视。随着相处时间的增长,夫妻各自不好的生活习惯就会慢慢暴露。我的原则是只要无伤大雅,我们都是可以忽略的。比如有的男士习惯把他穿过的袜子攒起来,一星期才洗一次。这种习惯很难改掉。如果你一定要和他理论,免不了夫妻争吵,其实类似这样的小习惯是可以忽略的。

我们以前讲到的门当户对,其实也有这方面的考虑。毕竟生活习惯确实会有差别。但是我们既然结婚了,成为一体了,就要学着去适应对方,适当忽视对方某些不好的地方。

4. 站在对方的角度考虑。夫妻相处,分歧矛盾经常会有。很多时候,是我们想让对方认可、听从我们自己的观点,按照我们的意愿去做事。

我们要清楚地知道,对方不是我们的附属品,而是一个完整独立的个体。因此当我们无法理解对方时,我们可以尝试着站在对方的角度考虑,这样我们就会更容易理解对方,自然就减少了矛盾的出现,促进了夫妻关系的和谐。

(三)尊重原则。尊重原则有五个切入点:

1. 支持对方。如果对方做的事情宏观上遵纪守法,微观上问心无愧,而且对家庭的影响不大,我们是可以全力支持对方的,不要总是想着阻挠对方。

例如:

钱锺书要准备写《围城》时,告诉了杨绛。杨绛全力支持,让钱锺书把上课的课时减少。课时减少,费用就少了,他们就请不起保姆了。然后杨绛就自觉当起了保姆,洗衣做饭,一直到钱锺书的《围城》写完。

2. 遇事要商量。我想表达的意思是,既然你们是夫妻,那么凡是有可能影响到你们生活的空间、时间以及花费共同财产的事情,一定要和对方商量,征得对方的同意。

比如有的人随意答应自己的亲戚、朋友来自己家住,或者随意把自己家的钱借出去给亲戚、朋友。这样的事情,不是不允许,而是要先和对方商量,因为即使这些钱都是你自己赚的,也属于夫妻的共同财产。这样可以很好地避免矛盾的出现。

3. 给对方留颜面。面对外人时,尤其是面对对方的朋友时,我们不要一味地指责、批评对方,而是要顾及对方的颜面。

4.给对方一定的自由空间。虽然夫妻是一个整体,但是细分还是两个个体,所以你要允许对方有自己的生活圈子,有自己的朋友,而不是过分干涉对方。这就好比是沙子,你攥得越紧,沙子就会从手里流失得越快!

5.有自尊,不乞求。假设对方真的另有所爱,心有所属,已经下定决心和你分开时,你一定要冷静,不要乞求对方。因为婚姻是平等的,即使对方因为你的乞求答应不分开,这种状态也只是暂时的,一般不会长久。为了避免出现这种不好的结果,我们更需要好好地理解本章讲的相处技巧。

(四)积极向上原则。积极向上原则有三个切入点:

1.经济独立。我的建议是,不要有家庭主妇或家庭主男。我们一定要有自己的工作,工作不分高低贵贱,能养活自己即可,这也是获得对方尊重的一个基本条件。

2.发挥自身魅力。对于男士来说,你现在可以不成功,但是一定要有进取心。如果你现在的处境不好,也没有进取心,自己都自暴自弃了,难免会让对方对你失望,也必然会影响夫妻的幸福相处。

对于女士来说,在考虑到自身家庭经济条件的前提下,要保持自身美丽,拥有迷人的魅力。

3.不断地学习进步,拥有正能量。不要总是一回家就打开电视机,或者一直抱着手机,我们可以抽出时间看会儿书,或者深化一下自己的专业知识,或者学习一些其他对于自身以及家庭有用的知识。你的学习态度必然会感染到对方,进一步获得对方的尊重。

（五）负责任原则。负责任原则有三个切入点：

1. 家庭分工。家庭分工包含两个方面：

（1）养家主要责任由男士负责。家里的重活、脏活，男士要责无旁贷，这是男女生理结构不同造成的。

（2）正确转换角色。有的男士在外面和蔼可亲，到了家里就成了大爷了。这是非常不对的，对待自己的妻子更要感恩和尊重，更要负责任。

此外，有的女士在外面可以是女强人，但是回家应变成小女人，这样才更有利于夫妻相处。

2. 忠于家庭。花花世界的诱惑确实很多，我们一定要学会拒绝，忠诚于我们的婚姻，这也是我们做人最基本的原则和底线。在婚姻内触碰了底线和原则，再好的借口都是不成立的，希望各位朋友注意。

3. 杜绝外患。夫妻相处难免有不愉快的事情，我们可以找人倾诉，但是对方最好不要是异性，否则你就是在为你们的婚姻制造炸弹。这一点，有的朋友可能不太注意。从今天开始，一定要注意这一点。

（六）信任原则。正所谓，夫妻同心，其利断金。幸福婚姻的基础就是信任。只有双方相互信任，才可以幸福地相处。有些时候，道听途说和谣言，你可以忽视，除非你有确凿的证据，否则会让夫妻的关系变得纷争不断！

（七）欣赏原则。不得不说的是，绝大多数的夫妻，结婚后就忽略了对方的优点，看到的全是对方的缺点和不足，没有了表扬和赞美，更多的是批评和讽刺。此外，很多人会无视对方为自己的付出。

这些都是不利于夫妻幸福相处的。我有一个老大哥，是我们圈里的模范丈夫。他曾经说过一句话："要想夫妻和睦，首先要去欣赏对方，然后努力让自己被对方欣赏。"

（八）沟通反思进步原则。这一原则有两个切入点：

1. 经常沟通。经常沟通包含两个方面：

（1）日常沟通。如果你想夫妻幸福，建议你从现在开始，每天和对方沟通10分钟左右。你可以讲一下自己今天的所见所闻，也可以针对某些事情发表下看法。坚持一段时间后，你会发现，双方的矛盾减少了，而且夫妻相处得更融洽了。如果你感觉没话说，那么你还记得我们讲的与婆婆相处公式的"10组词"口诀吗？也是可以用在夫妻相处上的。

（2）出现冲突矛盾后的沟通。其实，夫妻之间的95%以上的矛盾，都可以通过沟通解决。但是我们不要试图在冲突的时候进行沟通，因为效果为零。建议双方冷静一段时间后，再选择合适的时间好好沟通。

你要和对方商量好，在双方出现矛盾后，一方主动提出沟通的想法时，另一方必须配合，而不是拒绝。

再补充两个点：

①出现矛盾后，我们可以保持沉默，但是时间不宜太长。

②夫妻间的矛盾最好当天解决，不要有隔夜的矛盾出现。

2. 事后反思。有句话说得很好，世界上没有无缘无故的爱，也没有无缘无故的恨。很多人婚姻中出现问题，往往是把焦点放在了婚姻本身上，而不是放在了婚姻的主体人的身上，才导致了问题的反复发生。

因此，从现在开始，我们要学会正确地分析我们的夫妻问题，并且按照我们讲过的原则去正确对待这个问题。我相信你们夫妻会相处得越来越幸福。

二、魅力技巧

（一）对方做的事情 + 你辛苦了或者辛苦你了 + 我们的主动配合付出。对方做的事情有三个切入点：

1. 对方正在做的事情。

例如：

妻子看到丈夫还在加班，说："这么晚了还要加班，为了这个家，你辛苦了，我去给你倒杯热水。"

这个例子中"这么晚了还要加班"是对方正在做的事情；"为了这个家，你辛苦了"是你辛苦了或者辛苦你了；"我去给你倒杯热水"是主动配合付出。

2. 对方已经做完的事情。

例如：

丈夫回家发现晚饭已经做好，说："这么快就做好了，辛苦你了，你先休息下，我来端菜吧。"

这个例子中"这么快就做好了"是对方已经做完的事情；"辛苦你了"是你辛苦了或者辛苦你了；"你先休息下，我来端菜吧"是主动配合付出。

3. 对方将要做的事情。

例如：

明天起得那么早去赶飞机出差，为了我们娘俩，你辛苦了，你

安心睡就行，明天我叫你起床！

使用这个技巧公式，可以让夫妻两个人的感情迅速升温，希望大家经常使用。很多人认为都老夫老妻了，这样不好意思。其实我们可以想象我们都是在梦中，而且随时会出现梦境中断的现象。既然在梦中，为什么不通过自己的努力去实现我们梦寐以求的夫妻生活方式呢？这样当我们从梦中醒来时才不会有遗憾。

（二）避免直接争执 + 暂时冷静沉默 + 主动择机化解。这个技巧，其实我们在本章节开始时已经讲过了。夫妻之间相处，不可避免地会出现争执和矛盾。争执中双方的智商几乎为零，而且夫妻双方对于对方都非常了解，难免会让争执升级。

最好的解决方式就是，我们首先应避免针锋相对、直接争执，而是要选择暂时冷静，同时仔细考虑一下争执的原因和目的，然后再主动找一个合适的时机，两个人坐下来好好地聊一下。

之前我们提到过，夫妻之间95%以上的问题都可以通过沟通解决。还需要注意的是，冷静沉默的时间不宜过长，矛盾最好不要过夜。

（三）正面直接提出你的诉求，不要在指责或抱怨后再提出。现实生活中，绝大多数夫妻在表达诉求时，会先采取抱怨或指责的言语，再提出自己的请求。其实这是非常错误的，因为这样会激发对方的对立情绪，不利于自己目的的实现。

例如：

妻子埋怨丈夫总是不陪自己去逛街，一般都会这么说："你从来不陪我逛街！"甜蜜期的夫妻，丈夫可能会哄一下妻子。可是大多数夫妻不会一直处在甜蜜期，因此大部分丈夫可能会这么回答："怎么没陪你逛过街,上次不是陪你去商场买的裙子吗?"接着就可能争执起来了。

其实你完全可以正面地提出你的诉求,你可以这么说:"老公,这周末你能陪我去逛街吗?"或者说,"下个周末,能陪我打网球吗?""周六,我们可以去吃牛排吗?"正面提出诉求,会更容易实现我们的目的。

(四)学会透过现象看本质地回答对方的问题。这里的对方一般指妻子,有时也指缺乏安全感的丈夫。记住一个原则:不要局限于问题本身去寻找答案,而是要感性地夸赞对方。

例一:

妻子问丈夫:"你觉得我胖吗?"绝大多数的丈夫都会采取错误的回答方式,比如,一般吧,身体健康就可以。你没必要这么苛求自己,我不在乎你的身材。

这种类似的回答都是不及格的。正确的回答是,"我觉得你身材苗条,人很美,而且我就喜欢这样的你。"

例二:

有时妻子会问:"你还爱我吗?"绝大多数的丈夫都会这样回答:"你说呢?"或是说,"你都问了几次了,上次不是说了吗"。

这种类似的回答都是不及格的。正确的回答方式是,"我非常爱你,你是我生命中最特别的女人。"或是说,"我越了解你,我就越爱你。"

其实,这也符合我们在原则中讲到的女人精神方面需求的三个方面:喜欢浪漫、有安全感、喜欢被宠和被哄。作为丈夫精神方面的需求也有三个方面:被欣赏和崇拜,被理解、认可、支持和尊重,妻子体贴和温柔。

（五）正确指出对方缺点的四部曲

1. 引其向优的赞美。在夫妻相处的原则中，我们重点强调了家是讲爱的地方，不是讲理的地方。所以，我们试图通过和对方讲道理来改变对方缺点的做法几乎是行不通的，反而会引起争执。最正确的做法就是通过引其向优的方式解决。这个方法，其实我们在前面的章节中已经讲到过。在夫妻关系中，引其向优可以解决很多具体的问题。

例如：

在丈夫玩游戏之前，你让丈夫帮你收一下衣服或者帮你倒杯水。只要丈夫还没有开始玩，对方一般都不会拒绝。当丈夫做了后，你可以这么说："谢谢老公，我感觉自己很幸运，找了一个特别会疼人的老公，我听说很多人玩游戏对老婆完全是不管不顾的！"

下次，你可以说："老公，你今天能提前结束游戏吗？我想和你聊会儿天。"只要你提前说，对方一般都会同意。当对方结束游戏时，你就说："谢谢老公，我太幸福了，找了一个特别疼媳妇的老公，因为提前结束游戏是需要很强的自控力的！我非常感动！"

这就是用引其向优解决丈夫痴迷游戏的问题。经过类似的引其向优，对方一般会感到愧疚，就会慢慢地从游戏的世界中走出来。假如你再配合我们上节中讲的加倍关心方式，会让你丈夫更快地从游戏的世界中走出来。

更高明的是，你把以上两个方面都做好的前提下，始终要有自己的生活圈子，保持自己良好的生活习惯，比如和你的闺蜜们一起出去吃饭、美容、坚持健身、学习等。这样的方式，会从侧面给对方压力,也会让对方减少对游戏的投入时间。

上面我们讲了用引其向优的方法解决丈夫痴迷游戏的问题。下面,我们讲一下用这个方法解决丈夫过节不送礼物的问题。

例如:

过几天就是情人节了,你抽空发给你丈夫一个淘宝链接,一件非常小巧的东西,比如扎头绳,价格一定要控制在20元以内,还包邮的,让丈夫给你买了作为情人节礼物。一般的丈夫都会同意给你买,毕竟价格也不高。

这样做能让丈夫知道,其实你不需要他给自己买什么名贵的东西,只要有这份心意就可以了。同时,你还要提醒他,以前的他经常忘记给你买礼物。当你收到买的东西时,一定要感谢你的丈夫,说他对自己多好,多么疼爱自己,给自己买东西。这就是引其向优了。经过这次,丈夫一般都会形成过节给你买礼物的习惯。这就是用引其向优解决丈夫过节不送自己礼物的问题。

类似这样的例子太多了,我们就不挨个列举了。再强调一点,如果你的另一半主动给你买了东西,一定要夸赞对方。即使你不喜欢,也要夸赞对方,因为你的夸赞就是引其向优。

2. 用弦外之音的方法,委婉地提醒对方,从而让对方有所开悟。比如你可以委婉地提一下他人的丈夫或妻子如何,但是切记不要做对比,也不要反复去说,只提一次就可以,否则必然会引起争吵。

例如:

你想让丈夫在工作上更加努力,从而可以挣钱更多。你可以这么说:"听说小明最近又升职加薪了,挺厉害的,不过他确实挺努力的。"当你说到这,就可以了。千万不要作对比,比如,你看你整天就知道回家玩游戏。如果你这么说,不仅目的达不到,而且还会引发争执。此外,提一次就可以了,不要反复提小明的事情。如果你反复提,不仅目的达不到,而且也会出现不必要的争执。

在此,再强调一遍,你可以委婉地提一下他人的丈夫或妻子如何,切记不要做对比,也不要反复去说,只提一次就可以,否则必然会引起争吵。请一定要注意,否则后果很严重!

3. 赞美+改正缺点后更加优秀或更加完美。

例如:

你每次扫地都扫得特别干净、特别认真,如果能再把洗脸盆上面的头发清理一下,那就更完美了。

4. 当你做什么或说什么的时候,我觉得怎么样怎么样。这种句式相对于其他三种方式更加直接,会让对方更加明白自己的不足点在什么地方,同时也向对方明确地传达了我们的感受。

补充一点:有时我们在和对方表达某些意见或感受时,用"我"比用"我们"可以更好地实现我们说话的目的。我发现,在现实生活中,我们很多人,往往认为用"我们"可以进一步的催眠、带动对方。其实,这在夫妻之间是行不通的,这种做法反而会让对方认为你在故意混淆对方的感受。因此为了避免引起对方的反感,我建议在和对方沟通时,要强调个体化,用"我"来代替"我们"。除非在某些特定的情况,必须要用"我们"来表述某些事情。

(六)正确的安慰。一定要注意安慰的四大特性:倾听、给予、顺应、具体问题具体分析。我们已经在前面的章节中详细地做了讲解,因此在此不做过多解释。很多人会认为,都老夫老妻了,有必要去用心安慰对方吗?

非常有必要！我们一直强调，家是讲爱的地方。当你照顾到对方的感受和情绪时，对方必然会感受到，会以更好的方式回馈你，夫妻之间的相处就会形成一种良性循环。安慰别人的九个公式，使用得还不熟练的朋友，请先翻阅对应的章节复习一下。

（七）经常性的赞美。赞美不仅可以满足对方的精神需求，而且还可以在某些方面起到引其向优的作用。在夫妻相处中，赞美是有百利而无一害的。

关于巧妙赞美别人的公式，我们已经详细讲过了。适合夫妻的赞美公式有，魅力赞美技巧中的第一、第三、第四以及第五个技巧。此外，高级赞美技巧中的七个技巧都可以用在夫妻之间。

（八）夫妻之间表达不满的观点或感受时的三种方法。

1. 合适的时间＋只分析不建议＋让对方自己感受。合适的时间是指一起外出散步或游玩的时候，一起看电视的时候，激情过后等。

只分析不建议就是点到为止，不要让对方感觉我们在试图劝说或者指示对方接受某些观点或做某些事情。这样做的好处就是，让对方根据你的分析，自己做出决定。这样会很好地避免矛盾，可以更好地实现我们的目的。

2. 主观感受＋原因。通过倾诉主观感受，可以让对方有个最直观的认知，然后再说明原因，这样会让对方更清楚地了解我们内心的想法。

例如：

我很伤心，因为我认为我们约好了今天晚上一起看电影，你一定会有时间的。

例子中，"我很伤心"是主观感受；"因为我认为我们约好了今天晚上一起看电影，你一定会有时间的"是原因。

3.接力的第二个切入点或第三个切入点＋我们的内心诉求或感受。

例如：

我知道你在外工作一天特别累，回到家特别想放松一下，可是下次能不能先把拖鞋换上呢？

（九）夫妻避免矛盾的公式：倾听＋主观的对方感受＋主观的对方期望。我们在开始的时候，给大家讲了化解矛盾的公式。其实最高明的是避免矛盾的出现。

倾听分为三个阶段：

1.初级阶段：反驳式倾听。我们听的目的是为了更好地寻找对方说话中的漏洞，进行回击。

例如：

丈夫说："昨天早上出门前，你怎么没有关灯？"妻子说："就你的记性好，上个月不知道谁热着午饭，就去看电视了，饭都糊了。"

其实夫妻双方很多时候的斗嘴都是属于反驳式倾听。

2.中级阶段：否定式倾听。我们听的目的是为了找出更好的理由，为自己辩解，否认对方的观点。

例如：

丈夫说："昨天早上出门前，你怎么没有关灯？"妻子说："我记着好像都关了。"

其实不管是第一种还是第二种倾听方式，都不能很好地避免矛盾，反而会进一步地激发矛盾。那么正确的倾听方式是哪一种呢？

就是接下来的高级阶段：接受式倾听。

3.高级阶段：接受式倾听。当我们面对对方的指责或批评时，首先要采取接受的态度来面对，进而过渡到第二个板块：主观的对方感受。

主观的对方感受指把我们内心的想法进行转换，转换成对方是出于好意才这样说。比如对方批评指责我们的时候，我们的本能反应是，他竟然大声吼我，或者他竟然批评我。而我们要做的是把这种想法转换成这是因为对方直接或间接地为我们考虑，才有了这种表现。

例子中，面对丈夫指责时，妻子可以这么想："他这么做，是因为我忘记关灯，会增加电费的开支，导致我们的每月可支配收入减少，那么我就不能买很多漂亮的衣服了。"或者这么想，"他这么说，是因为怕我养成不好的习惯，工作时出现错误，被领导批评。"千万不要小看这种转换，当你这么去转换考虑时，你的注意力就已经被成功转移，就会更加理性地对待对方的意见或批评。

如果我们这样处理，就已经成功一大半了。要想实现更加圆满的结局，我们还需要过渡到下一个板块：主观的对方期望。也就是说，我们需要进一步落实我们的行动，避免再出现类似的导火索，从而满足对方的这种期望。比如我们可以这么说："我下次在出门之前，确实要好好地检查下所有的灯是否都关闭了。"

讲到这里，我突然想起了我们单位的心理学老师——陈老师说过的一句话，特别有道理，和大家分享下："每一次抱怨、埋怨的背后都是一种期待。"

三、禁忌事项

（一）切忌单方面有情绪。现实生活中，有时对方做了不好的事情，你当时并没有表现出异议。但是过后，你会感觉自己有委屈，或者有怨气，就会在其他时间表现出来。

这样会让对方认为你神经质或不可理喻，这种做法会给我们自己减分，同时也不利于夫妻的和谐相处。所以我们应该就事论事，即使是在事情过后，夫妻之间也可以坐下来好好聊一下，而不应该无缘无故生气发火，让对方去猜问题的根结。

（二）切忌本能地埋怨对方。人的本性是出现问题后先抛开自己，去找对方的过错。这样做的结果往往是指责、埋怨、批评对方。比如，都是因为你，不然我早就到机场了。如果不是你出的馊主意，这件事情也不会到今天这种地步。这些类似的话都没有很好地遵循我们之前讲到的原则和技巧。

其实，夫妻一体，出现问题每个人都会有一定的责任。此外，家是讲爱的地方，而不是讲理的地方，这样的埋怨必然会让矛盾升级。

我们遇事要先冷静思考自己应负的责任，再针对性地选择合适的技巧和对方沟通，这样才是最好的解决办法。上一个板块中的第八个技巧，我们也讲到了，夫妻之间表达自身有点埋怨或抱怨的观点或感受时比较常用的三种方法。

（三）切忌牵扯对方的父母。这一点需要重点强调一下。很多夫妻在日常相处中，有时会无意犯这个低级错误，就是在表达对另一半的不满和怨气时，牵涉到对方的父母。

例如：

整天这么絮叨，真是随你妈。或者说，我现在知道你为什么这么不讲道理了，因为你是你爸的亲儿子。

以上这些类似的话，其实都没有很好地遵循我们上两个板块讲到的原则和技巧。一旦我们说出类似的话，就已经把良好沟通的前提给毁了，有的甚至会引发更大的争执和矛盾。

（四）切忌故意针锋相对。我们讲过，夫妻相处不可能完全避免争执和矛盾。因此不排除有些时候，我们突然忘记原则和技巧，故意采取对方反感的方式来气对方。比如，故意乱花钱，故意和异性约会，故意去夜店，等等。

这种行为是非常不可取的，会直接影响到夫妻两人后期的和谐相处。建议有类似行为或类似想法的朋友，一定好好反思一下，因为这种行为非但不能解决问题，反而会让问题复杂化。

（五）切忌以偏概全，尤其是人身攻击。以偏概全本身就违背了批评别人技巧的注重个性原则，非常不利于问题或矛盾的解决。比如对方忘记了某件事，你说："你为什么总是丢三落四？"或者对方某件事做得不好，你说："你为什么总是不认真？"

我们在进行沟通时，千万不要上升到人格的层面对其进行侮辱。比如，对方一件事情没做好，你说："你怎么这么不负责任。"或者说，"你怎么这么笨。""你怎么这么愚钝。"

（六）切记乱搬救兵。俗话说，家丑不可外扬。夫妻两个人的事情，建议还是夫妻两个人自己解决。我说过，夫妻之间的问题，95%以上是可以通过沟通来解决的。如果一味地找外人介入，会影响夫妻两人的正常沟通。此外，很多的事情，外人是不能深刻体会和理解的,并不一定就可以帮到你。

(七)切忌专权。夫妻中的一方不要基于自己的优势不尊重对方,涉及影响夫妻正常生活的空间、时间以及金钱的事情时,也不和对方商量,总是喜欢独断专权。这里的优势一般指收入上的优势、年龄的优势、家庭背景的优势等。我们在夫妻相处的原则中反复提过了,这样的做法是不利于夫妻相处的,希望大家注意。

(八)切忌把工作中的不良情绪带到家里。很多人没有正确理解家的定义,往往错误地把家当成了自己的出气筒,把自己在外面的不顺以及压力等发泄在另一半和孩子身上,这是非常不正确的做法。

我们应该正确地理解家的作用,我们可以把我们的不顺讲给另一半听,一起来面对,而不是把我们的不顺以及怨气无缘无故地发泄在另一半和孩子身上。

很多时候,当对方跟你说令他烦躁的事情时,他只想合理地发泄自己的不好情绪,这个时候你只需要正确地安慰对方即可,重在倾听。

(九)切忌总是说离婚、去死等指向性和损害性都很强的话语。现实生活中,很多夫妻之间经常说离婚或者说有类似意思的话语。比如,要不是为了孩子,我才不跟你过。我真后悔娶了你。我当初瞎了眼嫁给你。类似这样的话都是表现对于婚姻的绝望,对应的自然是只盯着对方的缺点和不足,而不是遵循正确的原则和技巧。这样的夫妻,他们之间的矛盾会越来越多,而且很多最终真的以离婚收场。

我们在前面的两个板块中讲过,要正确避免矛盾以及合理化解矛盾,而不是任由自己的不好情绪发泄出来,说出很多让对方无法

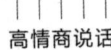

接受的话语,比如,你怎么不去死,你去死吧,你死了才好,等等。

例如:

我的一个朋友,他的母亲在他很小的时候就离世了。原因就是他的母亲和他的父亲吵架,他的父亲生气地说:"你怎么不去死,你死了才好。"他的母亲就真的喝了农药,而且是藏起来喝的。发现时,洗胃都已经来不及了。

还有一些话,比如,你还是个男人吗?你真是个窝囊废。其实,很多女士在说类似话的时候,目的可能是想得到丈夫的安慰,希望自己被对方哄一下。但是当男人听到这种话时,会认为妻子是在否定、讽刺和打击自己,很多男人往往会强烈地反击对方。有的男士本身脾气暴躁,又没有学习过高情商说话技巧,不排除有动手的可能性。这样必然更不利于夫妻之间的和谐相处。

再比如,孩子不是你的。有很多的女士为了气对方,会说孩子不是丈夫的,虽然气对方的目的实现了,但是接下来丈夫很有可能会失去理智,做出很多不合常规的行为。如果后期不去做DNA鉴定,这件事情会一直折磨着对方,必然不利于夫妻两个人的相处。

再比如,孩子为什么一点都不像我。有时男士为了表达自己的不满或怨气,会说这种类似的话语。虽然当时很大可能是表达自己的怨气,但是妻子听后会认为你在怀疑和否定她,然后再联想起自己为这个家的付出,必然会感到委屈,这样也会引起很大的矛盾。因此对于类似的话语,我们一定要慎重。

(十)切忌总是把对方和异性作比较。这点我们在前面讲过了,我们可以委婉地提一下他人的丈夫或妻子如何,但是不要做对比,也不要反复去说,只提一次就可以,否则必然会引起争吵。

（十一）切忌翻旧账。翻旧账这一点，我相信很多的夫妻都遇到过，这对于夫妻和谐相处有很大的影响，其实这也属于批评技巧中的一个注意点，我们就不详细地讲了，大家注意一下就可以。

（十二）切忌对方朋友来家做客时，我们表现不恰当。总结如下：1. 切忌冷若冰霜，而是要热情地招待；2. 切忌喧宾夺主，而是要突出你的另一半；3. 切忌贬低另一半，而是要言语得体；4. 切忌对另一半的朋友表倾心；5. 切忌忽略细节，比如穿得太随意。

（十三）切忌胁迫对方。这里的胁迫并不是直接的言语胁迫，而是不经过提前和对方商量，直接以通知的方式告诉其他人，根本不给对方发表异议的机会。

例如：

丈夫当着妻子和公婆的面对小姑子说："你嫂子说了，如果你考证成功了就带你去国外旅游。"

这样的说法，虽然把好的事情都推给了妻子。但是如果这件事没有提前和妻子商量，这就是胁迫，必然会让对方感觉不舒服，影响夫妻的和谐相处。

（十四）切忌婚后生活平淡无味。婚后平淡无味的原因主要有以下三个方面：

1. 认为对方为自己做的事情，理所应该，不懂得感恩和感谢。

2. 不会偶尔制造惊喜。

3. 不懂得回忆、纪念、延续、补偿美好的事情。

那么具体我们应该怎么做呢？主要有以下六种方法：

①学会感恩、感谢、赞美、引其向优等，我们在前面的两个板块中已经讲过了，希望大家再仔细看一下。

②给对方买一直想买但是没买的东西，带对方一直想去但是没去的地方。

③对于情人节、订婚纪念日、结婚纪念日、对方的生日，一定要重视，并采取合适的方式纪念。

④根据自身条件安排适合自己的婚后二人度假时间。

⑤偶尔回忆下当初两人的相识、相知、相恋、相爱的过程细节。

⑥对于结婚较早的夫妻，可以补上以前的一些遗憾，比如婚纱照、蜜月之旅。

（十五）切忌忽略婚后的自身形象。这里主要指两个方面：

1. 婚后在外人面前的形象。

2. 在自己另一半面前的形象。

（十六）切忌乱交异性朋友。我们提倡各自需要有自己的朋友圈，但是在交往异性朋友时，要掌握好分寸，特别是面对对你有追求想法的人时，更要委婉拒绝对方。

如果对方想通过一些途径接近你，比如对方要请你吃饭，以此感谢你前段时间帮助过对方，那么你可以和你的另一半一起前往，总之不要给自己的婚姻留下隐患。

（十七）切忌忽略家庭的可支配收入。不得不说，夫妻之间的矛盾很多都是关于金钱的。因此，避免家庭出现财务危机，可以很好地维护夫妻之间的感情。

建议夫妻两个一起学会开源节流，共同制定好一个合适自己家庭的财务计划。尤其要留有一部分的机动资金，以备不时之需。

（十八）切忌忘记维护自身的合法权益。我们不排除会有失败的婚姻。在这里提醒大家，如果对方已经有放弃婚姻的意向或已经决定离婚了，那么建议你要提前准备证据，以防对方连最基本的人性都没了，自己出现人财两空的悲剧结局。

这里的证据主要指对方主动出轨的证据，以及夫妻的共同财产的证据，以免对方故意转移夫妻共同财产。关于这方面的问题，建议咨询专业的律师。

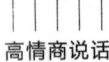

八 想干好工作,先学会职场话语

与同事相处必须做到这几点

核心口诀:
基本相处要到位,举手之劳不白费。
闲谈莫说人是非,可听可转勿招黑。
立身根本工作威,努力负责需智慧。
宽容大度不虚伪,助人为乐勿成悲。
集体活动人情美,聊天主题需准备。
积极乐观幽默缀,巧妙赞美柔似水。
强势同事为标配,学会忍让且换位。
私下互动可解围,凡事周全不炮灰。
心机同事不要悲,表面工作要到位。
切忌言深成累赘,防其之心紧相随。
遇到刁难不气馁,自查再敲或者怼。
怼完不是最完美,化敌为友关系飞。
身在江湖有潜规,偶尔分享为智慧。
好事坏事总相随,适当距离为最美。
关键时刻证据配,二十禁忌不可违。

工作是我们人生中不可或缺的一部分,我们人生中最珍贵的时间几乎都是在工作中度过的。工作中,与我们利益相关,时而合作,时而竞争的人就是我们几乎每天都要面对的同事们。因此,如何与同事们相处至关重要。

如何与同事相处呢?

核心就是我们本章刚开始讲到的 30 句的核心口诀。

一、基本相处要到位

第一句共有两个原则,四个基本点。

(一)两个原则

1. 己所不欲,勿施于人。你不想被你的同事以什么样的方式对待,你就不要用这种方式去对待你的同事。也可以这么理解,你期望被你的同事怎么对待,你就去怎么对待你的同事。

2. 人有所欲,己施予人。意思是,同事期望我们怎么对待他,那么我们就怎么对待他,当然前提是不违背我们的原则。

(二)四个基本点

1. 经常微笑。微笑的好处我们就不多说了。练习微笑的方法,就是三步微笑法。

2. 善于礼貌性地交谈。礼貌性的交谈分为两类:

(1)简单的招呼。比如,赵总、薛经理,或者小王早、张姐早。

(2)利用我们整体交谈框架的礼貌性交谈。整体的交谈框架公式是:称呼 + 铺垫 + 内容 + 祝福 + 结尾。但是用在和同事的礼貌性交谈中,一般不需要内容板块。后面的祝福或结尾,有时也只用一个,有时甚至一个也不用。

例如：

张姐，浇花呢，有空去我办公室喝茶。

这里的"张姐"是称呼；"浇花呢"是铺垫的第三个切入点：正在做的事情；"有空去我办公室喝茶"是祝福板块。如果你已经忘记了交谈的整体框架，请现在翻阅回第一章进行复习。

3. 不要无意占用他人的时间。很多人往往忽视了这一个方面。比如有的人会在和同事线上聊天时，连续发很多的语音信息。你要知道，看文字的速度要快于语音，而且有时对方会不方便听语音，很可能会给对方造成困扰，因此建议发文字。

如果你有时要表达的信息确实很多，可以先征求下对方的意见："由于内容比较多，发语音会比较方便，你方便接听吗？"

4. 不要随意打扰他人的休息。这一点指的是午休。在每个单位里，都会分两种人：午休的人和不午休的人。有的人不太注意这一点，以为是自由时间，因此上网看视频或听歌就开了外放，或者大声打电话、喧哗，这些都会招来周围午休同事的反感。

二、举手之劳不白费

（一）日常的基础性服务。比如有的办公室可能还需要打水、拖地、拿报纸等，你可以去做。如果你刚参加工作，和很多老同事在一个办公室，你更应该努力去做。

（二）不费力的事情。比如帮同事接杯水，帮忙取个快递，顺路接个人，等等。

当然，如果遇到费力的事情，如绕路接人，前几次我们可以帮忙。但是一旦次数增多，我们需要通过合适的方式告诉对方，这不是我们应该做的,让对方不要认为理所应当。而这种合适的方式,就是让对方有所付出。

例如:

一个同事每次有大件的快递都会让你去拿,哪怕他自己有时间也会让你去。针对这样的情况,你可以去前两次。如果第三次还让你去拿,那么你可以这么去说:"昨天我在做俯卧撑时,晃了一下手。不过刘哥的忙,我必须帮,但是这次刘哥想怎么报答我啊。"

其实不管对方接下来怎么说,哪怕请你喝杯水也是可以的,目的就是一定要让他知道一点,我们帮他不是天经地义。

三、闲谈莫说人是非

(一)没有十全十美的人。我们每个人都有缺点,但是我们在和同事相处的时候,要多看下对方的优点,尽量忽视对方的缺点。

(二)不要在背后议论和贬低同事。世界上没有不透风的墙,我们的议论和贬低可能会传到同事的耳朵里,必然会影响我们和同事的关系。此外,很多时候我们的言论在传播的过程中会被过分夸大,我们很可能会因为某句话得罪我们的同事,让我们多一个敌人。

四、可听可转勿招黑

(一)不要参与,不要附和,更不要反对。虽然我们不在背后议论和贬低同事,但是我们不能保证我们的同事不会在和我们聊天时,议论和贬低另一个同事。

遇到这样的情况,我们千万不要为了实现当时聊天的效果而参与其中,附和对方。我们的参与和附和,很可能会传到当事人耳中,给我们带来麻烦。

此外,我们也不要去制止或反对正在与我们议论和贬低其他人的同事。因为我们的制止和反对,会让对方很尴尬,也不利于我们处理和对方的关系。

那么遇到这种情况,应该怎么做呢?方法就是我们接下来要讲的:先倾听,再转移话题。

(二)先倾听,再转移话题。

例一:

2017年7月份的时候,一个朋友找我喝茶,和我说起我们共同认识的一个政府部门的领导,说他怎么怎么不好。

听了一会儿后我说:"今天我们不谈不开心的事情,我和你说点激动人心的好消息吧。"然后我就来了个欲擒故纵。我没有急着告诉对方激动人心的消息具体是什么,而是端起杯子开始喝茶。这个时候,对方已经完全被我吸引了。喝完茶,放下茶杯后,我才和对方讲了这个具体的消息,成功转移了话题。

在这个例子中,我的回应用的是主导话题中偷梁换柱的方法,把话题转移到激动人心的事情上去。

例二:

2016年的时候,一个朋友找我诉说另一个朋友出卖背叛他的事情。我听完后,说:"他的媳妇是不是刚生完二胎,男孩还是女孩?"然后把话题引导了二胎上面,成功转移了话题。

这个例子中我使用的是转移话题中瞒天过海的方法。转移话题的方法还有三种,就是假痴不癫、树上开花和浑水摸鱼。

此外,我们这次说的偷梁换柱的方法,上次没有讲到,你可以特别关注一下。这里的偷梁换柱的意思就是打断对方谈话的节奏，通过欲擒故纵的方式，换成我们想要的谈话主题。

五、立身根本工作威

不管是在机关事业单位还是在企业，我们想要实现自身更大的发展，必须要把自己的本职工作做好。

尤其在企业，公司招聘我们的目的是做好自己的工作，为公司盈利。因此，把工作做好是我们职场中的立身根本。

六、努力负责需智慧

（一）感恩。这个比较好理解。我们目前的工作给了我们实现自我价值和社会价值的机会，我们理应感恩。此外，只有从内心感恩，我们在工作中才会更加有动力，必然也会创造出更好的业绩。

（二）负责任。要对自己所做工作结果负责，千万不要应付。

例如：

很早的时候，我曾经拜访过一位报社的社长。他谈起自己刚参加工作时的一次经历，当时他还是名记者，有次写完报道后，没有仔细查看就交给了编辑。他认为如果有错，编辑肯定会改过来。没想到，那一次编辑因为刚好有事，没有做仔细的校对，结果可想而知。

关键是出现了他和编辑相互推卸责任的事情，后期很长一段时间他们都处于敌对状态，非常不利于工作的开展。

（三）善于和领导汇报工作。和领导汇报工作，我们在接下来的章节讲解。

七、宽容大度不虚伪

关于这一句话,比较好理解,我们就不详细地讲了,简单罗列四个切入点:

(一)忍一时风平浪静,退一步海阔天空。

(二)万里长城今犹在,不见当年秦始皇。

(三)害人之心不可有,防人之心不可无。

(四)逢人只说三分话,未可全抛一片心。

八、助人为乐勿成悲

核心就是一句话:在工作中帮助同事,让对方感激,让对方担责。

假如你的同事让你在工作方面帮他的忙,你要让对方知道,你不是天经地义必须要帮他。否则会让对方养成一种理所应当的心态,这是非常危险的,而且对我们自己来说也是非常可悲的。

例如:

你的同事在工作上让你帮忙,一次两次都是可以的,但是如果对方总是找你帮忙,你可以这么说:"这次我的工作也非常多,不过你的忙我必须帮,但是你这次想怎么报答我啊?"

其实不管对方怎么说,一定要让他知道一点,我们帮他不是天经地义。此外,你还需要告诉他:"你的工作我可以帮忙,但结果怎么样,需要你自己负责。"

九、集体活动人情美

(一)积极参加集体活动。集体活动,主要指单位或部门组织的聚餐、唱歌或游玩等类似的活动。很多人可能都不喜欢参加类似的集体活动，但长此以往会被慢慢地边缘化，很难与其他同事相处。

（二）注重人情往来。这个也比较好理解。遇到同事结婚、生子、过生日以及生病等，如果关系尚可或者经常有工作中的往来，我们最好是参与到其中。这是很好地促进同事关系的一种方法。

如果有同事请你吃饭，记着下次回请过来。

关于人情往来，我还要补充一点：一定要大方一点，即使强迫自己大方也可以，千万不要有占便宜的心态，否则你很快会被大家孤立。

十、聊天主题需准备

和同事的聊天话题在"和别人快速聊到一起"的技巧中已经详细地讲过了，不再赘述。

十一、积极乐观幽默（缀）

（一）积极自信。积极自信有六大原则：

1.积极乐观原则。积极乐观原则有两个切入点：

（1）发现事情好的一面。你要正确对待你现在正在经历的事情，重点思考这件事情好的一面。

例如：

前段时间，我得了重感冒，一周的日程安排都推掉了。本来这件事情很糟糕，打乱了我的很多计划！如果我一直有这种思想，那么不仅感冒痊愈的速度会变慢，而且我会变得浮躁和不安。但是我没有这么想，我当时是这么想的："挺好的，正好利用这个机会好好陪陪家人。"当我有了这个想法后,我的一切行为自然变得沉稳和轻松!

(2)适当推脱。有时我们做事情时,虽然做了很多准备,但是依然出现了不好的结果。那么我们可以在心里适当地推给客观原因,从而让自己不过分自责,影响自身的自信。这里需要注意的是适当,因为出现了不好的结果,我们个人也是需要反省进步的。

2. 关注现在原则。很多人之所以做不到积极自信,是因为他要么过度地关注了自己以前某些失败事情,总是想当时别人是如何贬低自己的;要么就是过度思考着将来自己如何做好,让别人不再歧视自己。几乎每天都重复地去思考,把最应该珍惜的今天给浪费了。所以,从现在开始,不要再去想这些无用的事情,不自觉想到时,可以严厉地告诉自己必须停止。然后把注意力放在现在的事情上。这样做,我们的自信就会慢慢累积!

3. 不完美原则。不完美原则有两个切入点,一个是承认自己的不完美,你要接受一个事实,十全十美的人根本不存在。第二个切入点是做很多事情时,如果你只能做到90分,那么这个90分就是最好的。千万不要因为自己只做了90分就完全否定自己。

4. 接纳自己原则。这一原则是在不完美原则基础上的进一步延伸。你要知道每个人都不是完美的,此外,你也要知道每个人都是独一无二的,世界上找不到第二个人和你完全一样。所以你要对自己的独一无二负责,接纳你自己,接纳自己的不完美,只有这样,你才可以变得更加自信。

5. 坦然面对失败原则。坦然面对失败有三层意思,第一层意思是做任何事情之前,都做好充分的准备,有些事情可以做好最坏的打算。第二层意思是事情失败时,要坦然接受,不要排斥。第三层意思是充分地分析失败的原因,吃一堑长一智。

6.感恩原则。从现在开始,感恩你生命中的每一个人!感恩给予我们生命的父母,感恩陪伴我们的家人、朋友、同事,主动与他们聊天,主动关心他们。此外,也要对曾经帮助过我们的朋友表达感谢。每天早上醒来,你也要感恩,因为每天有好几万人不能看到第二天的太阳。所以,我们更应该珍惜现在的一切,只有这样才会给我们的自信提供更强大的原动力!

(二)学会幽默地说话。幽默地说话的方法是指五线三点法。

十二、巧妙赞美柔似水

在与同事的相处中,学会巧妙地赞美周围的同事,这对于促进和同事们的关系,非常有帮助。巧妙赞美的技巧,我们在前面的章节中已经讲过了,不再赘述。希望你都可以记住,并灵活利用起来。

十三、强势同事为标配

只要我们人在职场,就必然会遇到强势的同事。强势的同事具体又分为两种,一种是习惯性强势,一种是刻意性强势。不管是习惯性强势还是刻意性强势,只要我们采取合适的处理方法,都可以很好地与他们相处。

接下来的三个点就是与强势同事相处的方式。

十四、学会忍让且换位

这一点指的是面对习惯性强势同事的处理方法,有三个切入点:

(一)学会宽容理解对方。你要这么去想,对方之所以这么强势,可能是因为他小时候的生长环境不好,逼迫他必须强势,才形成了今天的这个性格,其实他内心还是个孩子。

(二)换位思考。即使有时对方让你不悦,你要认为对方是对事不对人,而且有时对方自己也控制不住自己。当你这么换位思考时,你也就不会把当时的事情记在心里,自然不会影响你自己的情绪。

(三)小事忍让,大事合理建议。对于小的事情、无关紧要的工作,我们要学会忍让。但是如果遇到非常重大的工作,你已经确定对方的强势让工作存在漏洞,可能会造成不好的结果。这个时候你去表达时,首先记住一点大忌,不能在人多或公开公众场合说出来。即使在私底下和对方说出来的时候,也是有技巧的。公式:肯定或赞美+启发或联想到。

例如:

李哥,你刚才讲的业务开展方式太全面了,能学到太多东西了。在你刚才的启发下,我突然想到,能不能这样……(你的建议)

十五、私下互动可解围

这个点是应对刻意对你强势的同事的处理方法。

同事刻意对我们强势的原因有两个,一个是我们不经意的言行让对方产生了误解或者给对方造成了某种伤害,另一个是我们在工作中所处的位置以及某些行为伤害了对方的应有利益。

（一）第一种原因产生的强势，处理方式分为两种：

1. 如果对方是老同事或者资历比较老的同事，建议专门抽个时间买点礼品或水果，登门拜访。拜访时，一定在谈话中包含四个部分：过去的错误言语或行为 + 现在的正确认识 + 将来的承诺避免 + 将来对方的指导。

一定要说出前段时间由于自己的不注意，自己的某些言行或行为，给对方造成了不好的影响。现在自己已经充分意识到自己的不对，承诺一定会改掉和避免，希望以后对方多多指导和帮助自己。一般这样处理，问题都会解决。

2. 针对年龄或资历与自己差不多的同事，建议专门请对方吃个饭。我们找机会敬酒时，一定在谈话中包含三个部分：过去的错误言语或行为 + 现在的正确认识 + 将来的承诺避免。当然如果不喝酒，那么喝茶也是没问题的。

关于具体敬酒的技巧，请大家参考下我们前面讲到过的课程。一般按照这样的方式敬完酒后，问题也会迎刃而解。

（二）第二种原因产生的强势，也分为两种情况：

1. 如果仅仅是因为我们某一次行为，导致对方正常的合法利益受到损害，建议你可以按照我们上面讲到的两种处理方式灵活处理。问题自然会解决。

2. 如果是我们的工作，可能会长时间损害对方的不正当利益。你的处理方法有三种：

（1）分析自己目前的处境是否成了两个利益团体或多个利益团体的枪头。如果是，你需要做的是拒绝此份工作。因为它给你带来的害处将远远大于你的收获，也就是我们所说的得不偿失。除非你已经有让自己置身事外的完美处理方案。

（2）如果自己没有被当枪使用，那么你之所以可以做这份工作，是因为领导的刻意安排。你需要在其位，谋其政。当然你也要有自我保护的意识，关于如何自我保护，我们第十六个点会讲到。

（3）如果你和对方同在一个部门，但是职位高低以及职权范围没有充分地划分清楚。你可以和领导说明目前的情形非常不利于团队的管理，由领导出面解决。

如果不方便找领导解决，建议你找个机会，双方仔细商谈一下工作范围的划分和后期具体工作的开展，避免出现对方为了夺权而刻意强势的情况。

十六、凡事周全不（当）炮灰

我们一直在强调："害人之心不可有，防人之心不可无"。因此，面对刻意强势的同事，我们要做好保护自己的措施，方法就是慢慢积累、收集并且保存好对方违背法规的证据。在关键时刻，这些证据可以最大程度地保护自己。

例如：

同事为了和你争权力，总是不配合你和平共处的努力，而且还总是会在背后做一些小动作，比如说恶意诽谤你。你可以慢慢收集对方不作为的证据，当证据足够让对方下台时，我们才可以出手，而且最好是采取匿名的方式，以免后期出现对方的打击报复。

一定要记住一点，害人之心不可有，防人之心不可无。要收集对方不作为的证据，而不是主动制造对方不作为的证据。希望大家一定谨记。

补充一点，对于有可能出问题的交接，我们需要保存好证据，目的是为了给我们的工作圆满地画个句号，而且不留后患，保全自己。凡事周全不炮灰有两个切入点：

（一）把规定的工作以及可能会出错的工作交接好。要注意一点，不要总是你认为怎么样，你感觉怎么样，你想会怎么样。这些都是臆想，都是做好交接工作必须要避免的。你需要做的是把可能会影响你工作的交接都交接好，最好有交接记录，并且要有详细的说明。如果没有，你也可以录音，以防万一。

例如：

我妻子的发小是一个托管所的老师。有次工作交接时，她提醒接替她的老师，说2楼的阳台护栏坏了，一定看好孩子，不要让他们偷着爬上去，否则很危险。因为上二楼的门一直锁着，交接的老师也没当回事，结果还真有孩子玩捉迷藏，偷着爬上去了，然后掉了下来。

非常幸运的是孩子没有生命危险。本来他们两个都有责任，但是她当时提醒的时候录了音，所以她没有责任！为此她还特意过来感谢我。

说来也是惭愧，我当时只是和她说了，他们这个工作稍微有点特殊。孩子学多少东西都是次要的，安全是最重要的。因此任何有可能影响孩子安全的事情，都要小心小心再小心。特别是交接工作时，对于可能会影响到孩子安全的交接内容，一定要留个心眼，把交接录音一周一整理。没出现什么事，接着删了就可以了。一旦出现什么事情，对方讲理还好，对方自己担责。但是我们就怕有些时候，对方已经吓坏了，说你没交接，那到时候你根本没法辩解。

（二）领导安排的特别重大事情，事情的结果会直接影响到你的工作的，最好让领导签字。大家一定记好，重大的可能会直接影响到你的工作的事情，最好要让领导签字。

如果找领导签字不方便，你可以使用邮件。如果邮件也不方便使用，你可以再就这个事情的结果，单独找一下领导，问这样处理是否得当，把领导的回复录下来，以防万一。到了关键时刻，领导牺牲部下也是很正常的。我们这么做的目的，无非就是最大限度地保护自己而已。

十七、（面对）心机同事不要悲

在我们的周围，必然会存在有心机的同事。很多朋友就感觉自己很无助，不知道该如何与他们相处。

接下来三个点都是讲怎样应对心机同事的，在此之前，我们先了解一下我们周围的心机同事，主要分为两类：

（一）城府非常深的人。一般我们很少见他们在一些场合发表意见，只有到了一些看似必须发表或者水到渠成时候，他们才会发表自己的见解。此外，他们和对方交往时，一般会把自己先隐藏起来，注重观察和了解对方，目的是在后期的交往中使自己处于主动，获得更大的利益。

（二）小心眼很多的人。这类人主要是为了获得当前的有利条件而从事自己的社交活动。此外，这类人和其他人交往时有个核心原则，就是只占便宜，不吃亏。

十八、表面工作要到位

（一）若即若离。与心机同事相处的时候，不要走得太近，但是也不能不联系。基本的打招呼还是需要的，而且对方偶尔需要帮助了，我们也可以帮助一下，目的是不至于产生生疏感。但是一定不能深交，更不可与他们产生利益方面的关系。

（二）不要让对方感觉到我们对他们若即若离的态度。我们在和对方偶尔交往时，表面上也要做到和其他同事交往时一样。正所谓，人生在世，全靠演技。这样虽然累，但是至少可以保护我们自己。

十九、切忌言深成累赘

这句话的关键点就是：少谈事，不交心。

和心机同事相处的时候，能不闲谈就不闲谈。因为闲谈的时候，我们的很多个人主观观点就会让对方知道。在某些时候，我们的这些观点，尤其是涉及对其他同事的评价，以及对公司或部门某些做法不满的时候，很可能会成为他们实现自己目的的砝码。

此外，我们与心机同事相处，千万别被他们当时的热情蒙蔽，不要对心机同事讲述你在工作或生活中不为人知的秘密，我们很可能会被他们利用。

二十、防其之心紧相随

这句话的意思是，和有心机的同事相处时，一定要多加小心。正所谓小心驶得万年船。比如有心机的同事和你评论某个同事、某些领导或者公司的某些事情时，很大可能是为了套取你的话语，因此千万不要参与其中,要转移话题。

如果和有心机的同事进行工作交接,对于可能会出问题的工作,我们更要做好记录以防万一。

总之一句话,宁可在心里把心机同事想得很坏,做好防范,也不能对他们有怜悯之心。

二十一、遇到刁难不气馁

职场新人或者资历较浅的朋友经常会遇到同事的刁难。对此,部分心态不好的人,往往会选择离职。有的朋友运气好,离职重新找新工作入职后,没有再遇到同事的刁难。

当然也会有朋友,再次遇到了同事的刁难。那么针对同事的刁难,我们正确的处理方式就是接下来的三个点。

二十二、自查、再敲或者怼

这句话包括了解决同事故意刁难问题的三个先后基本步骤:

第一步:自查忍让。

第二步:震慑与语言化解。

第三步:针锋相对。

强调一点,这三个步骤是有先后顺序的,请大家一定注意。

(一)自查忍让。自查忍让有两个切入点:

1.反省进步。很多的朋友在面对同事故意刁难时,往往会忽略一个关键问题,就是为什么同事只是刁难我们,而不刁难其他人。因此我们要深刻反思自己,工作上是否认真负责,生活中的言行是否谨慎,有则改之,无则加勉。我们可以借这个机会,把我们以前不注意的缺点都改正过来。这样不仅有利于解决当前问题,对于我们职业生涯的长期发展也是非常有好处的。

如果自查后你没有发现自身问题,你也可以找一个你身边的好朋友,或者你的家人好好咨询一下,自己是否有哪些做得不对的地方。因为很多的朋友如果仅仅靠自己来自查反省,永远都会认为自己正确。经过自查后,你发现确实是你的言行或者所做的工作存在问题,导致了对方对你故意刁难,这时我们可以采取应对刻意强势的同事的处理方法。

2.适度忍让。既然是适度,那么必然会有临界点,这里的临界点是三次。也就是说,我们可以忍让对方三次。如果对方依然刁难,那么我们需要做的是基本步骤的第二步:震慑与语言化解。

如果我们总是一直忍让,会让对方形成一种惯性,而且周围的人也会认为你好欺负,导致自己变得处处被动!

(二)震慑与语言化解。震慑与语言化解也有两个切入点:

1.杀鸡儆猴。我们在与婆婆相处的公式简单提到过。我们在使用时,仅需要把婆婆换成故意刁难我们的同事即可。我们的目的是让对方看到你不一样的一面,对方自然会有所收敛。

2.使用应对别人故意刁难的技巧公式。核心就是接力打力。关于接力打力,我们在前面的章节已经做了详细的讲解,不再赘述。

(三)针锋相对。如果以上步骤依然没有解决问题,那么我们可以采取三个基本步骤中的针锋相对。这里的针锋相对其实就是我们所说的吵架。虽然我们不提倡吵架,但是有些时候,随着事情的发展,我们也只能这么做,才可以更好地保护自己。正所谓:"人在江湖,身不由己。"

但是在高情商说话技巧中，对于吵架也是有要求的。最好不要人身攻击，而是要就事论事，还有千万不要动手。因为我们针锋相对的目的是解决问题，而不是激化矛盾。

我们说过，针锋相对的目的是解决问题。因此在针锋相对结束后，我们需要等待一段时间（具体的时间依据你自身情况而定，可以是半天，可以是一天，当然也可以是两天，最好不要超过三天），然后按照我们接下来讲到的化敌为友的技巧，去化解我们之间的矛盾，就会实现我们想要的结果。

二十三、怼完不是最完美，化敌为友关系飞

世界上没有不可化解的矛盾，只要我们方法合适，我们之间的敌对矛盾必然会得到化解。针对同事之间矛盾的化解方法，常用的有以下八种：

（一）主动解释。主动解释导致双方敌对矛盾产生的原因，由于这个原因双方产生了误会。那么只要把核心问题解释清楚，误会消除，矛盾自然就不会存在了。

（二）主动问候。很多时候，我们和对方产生敌对矛盾后，就会冷战。有时你感觉是小事，提起来反而不好，或者你不想再提及导致你们产生矛盾的事情。那么你主动和对方打个招呼或者主动打个电话，内容是无所谓的，但是效果往往都是非常好的。

（三）主动认错。一般是由于我们的错误，而产生了敌对的矛盾。

（四）主动参与。核心是充分利用对方正在经历的事件，表达自己的心意，进而实现化解矛盾、化敌为友的目的。一般利用的事件有对方孩子办百岁宴、升学宴、婚宴、开业的庆典等。主动参与有两个切入点,一个是自己亲自参与。参与的过程中,最好不要提当时引起敌对矛盾的相关事情。一般事后,对方会主动和解。即使事后,对方不找到你主动和解,那么化敌为友的目的也实现了。

第二个切入点,让第三方把你的信物带到。注意一点,第三方是和对方认识的人,给对方你的信物的同时,要告诉对方一句话。这句话使用缓力中假借他人他物的方法,说你本来想来,但是确实有点急事,没法赶过来。这里的信物多种多样,比如开业庆典时的鲜花、婚宴的礼金。总之,具体问题具体分析。

(五)主动帮忙。这种方法也比较简单,具体分为自己帮忙和委托第三方帮忙。需要注意的是,这种方法和上一种方法在执行的时候,都不需要提你和对方的矛盾点以及相关事情。一般事后,对方会主动示好,这是这两种方法的妙处。还是那句话,即使对方不主动示好,你化敌为友的目的也会实现。

(六)主动合作。你要告诉对方你为什么要和对方合作,一般侧重于两个方面,一个是借此化解你们之间的矛盾;第二个是利益最大化,双赢。

(七)主动请教。其实也就是主动请求对方的帮忙。当然这个忙可以是真实的棘手的事情,也可以是你自己创造的棘手的事情。主动请教有两个切入点:

1. 如果对方属于比较大度、宽容的人,那么你直接寻求对方帮助就可以。等对方帮完你,你可以借此机会表示感谢和想与对方长线交往的意愿,那么矛盾自然就解除了。

2. 如果对方属于有点小肚鸡肠的人,那么你在寻求对方帮忙时,一定要告诉对方,只有对方可以帮你,你确实需要对方的帮助。一般这样,对方也不会再推辞,后面的和上面的一样,可以长线交往。矛盾解决,自然实现了化敌为友的目的。

(八)请第三方和解。这个方法的关键就是第三方在和对方表达完你想化解矛盾的初衷后,一定要组织双方一起见个面,最好是一起聚个餐喝点酒,这样的效果是最好的。当然,如果聚餐不合适,一起喝个茶、喝个咖啡或者一起参加某个户外活动等都是可以的。

二十四、身在江湖有潜规

俗话说得好,有人的地方就有恩怨,有恩怨的地方就有江湖。职场是属于另一种意义上的江湖。因此,要想在职场这个江湖上混得风生水起,我们需要一些通用的技巧。而这些技巧也就是我们后面讲到的四点。

二十五、偶尔分享为智慧

这里的分享主要是指物质方面的分享,主要指一些办公的小物件、小零食或者一些有特色的小东西,比如中性笔笔芯、自己烘焙的饼干、冬枣、特色的糖果、特产或其他特色不贵重的东西,等等。

频率是每月两到三次为最佳。俗话说得好,吃人嘴软,拿人手短。通过这样的方式,会让你的同事对你有好感,不会太刻意针对你。此外,即使有其他的同事想刻意针对你,也会忌惮你良好的人缘,怕因针对你而被孤立。

二十六、好事坏事总相随

既然职场是另一种意义上的江湖,就注定了职场也会具备江湖的基本属性。因此，我们要学会防患于未然。我们要尝试保持一种平衡和沉稳的心态，遇到好事多往坏处想一下，多注意下自己的言行举止；遇到坏事，多往好处想下，多鼓励一下自己。

特别需要注意的是，如果连续很长一段时间，我们在职场上一直都非常顺利，千万不要因此放松了警惕。因为按照职场规律，接下来，我们的职场生涯很有可能会碰到一些小波折。因此，越顺利，我们越要小心谨慎。始终记住一句话，小心驶得万年船。

二十七、适当距离为最美

要想在一个单位顺利地工作下去，和同事的关系必然要处理好，但是不提倡和同一个单位的同事发展成要好或交心的朋友。因为同事之间或多或少都会存在竞争，也就是我们所说的利益冲突。有的可能在当时没有冲突，但是并不能保证过段时间也没有利益的冲突，亲兄弟还明算账呢。

如果发生利益冲突时，对方对我们了如指掌，知道我们太多的隐私，对于我们来说就变得非常不利了。

二十八、关键时刻证据配

在职场中，对于可能会出问题的工作，对于可能会影响自己工作的事情，对于不利于自己的事情等，我们都要养成保存证据的习惯。因为在关键时刻，这些证据确实可以在最大程度上保护你自己不受伤害。这一点我们之前已经讲过，在此不过多解释。

二十九、二十禁忌不可违

在和同事相处的过程中不要违反二十种禁忌：

（一）和领导的异性秘书或异性助理走得很近。不得不说，有的领导的异性秘书或异性助理，可能会有另一种身份。如果我们和他们走得很近的结果一般有两种：

1. 你与领导同性别。你的行为会被领导误以为你要有意破坏他们之间的某种关系，你的结果会很尴尬。

2. 你与领导不是同性别。你和领导的异性助理或秘书走得太近，也会让领导有种不安全感，对你自己来说也不是什么好事。

（二）和被领导厌恶的同事走得很近。如果你与这些同事走得太近，会让领导误以为你们是一伙的。因此，你的很多工作都不会很好地开展。不管这样的同事有无背景，对你来说，都不是好事。他如果没有背景，最终的结果必然会被边缘化，那么你也会受牵连。如果对方有背景，那么对方一般不会有事，但是你的结果就很难说了。

（三）和爱占单位小便宜的同事走得很近。有的人总是喜欢占单位的便宜，比如偷拿单位的纸张、中性笔。请记住，一定要避免和他们走得太近。这类同事后期一旦被单位追究责任，会让领导和其他同事误以为你也参与了。

（四）随意和同事传播小道消息。所谓的小道消息，包括但不限于公司还没有公开宣布的重大事情的通知或者某个部门、某个人调整的通知。一旦后期出现问题，追究起来，你的职业生涯必然会受影响。

（五）在公开场合批评自己的同事。这一点很简单，公开批评自己的同事，会让对方的自尊受到伤害，必然不利于后期的相处。

（六）不尊重自己的领导。关于这一个禁忌，主要强调两点：

1. 看不起领导。很多人会看不起自己的领导，认为自己的能力比对方强，或者自己的资历比对方老，与领导对着干，这是非常愚蠢的做法。对方之所以能成为领导，必然有他的过人之处。我们要做的应该是尽量获得对方的支持，全力发展自己。

2. 不要传播领导的负面消息。哪怕有时你亲眼看见了，也要装作没看见，更不能传播，否则自己会很被动。

（七）逢人就诉苦。有的人总是喜欢和其他同事抱怨，抱怨自己的工作，抱怨自己的婚姻，抱怨自己的家庭，等等。这些在某种程度上都属于负能量。随着时间的推移，必然会被其他同事孤立。

（八）穿着打扮或举止怪异。单位是工作的场合，我们的穿着或言谈举止，都要注意。千万不要太另类，太前卫，或者太性感，否则会把我们自己孤立起来，不利于和其他同事相处。

（九）过分表现。过分表现的意思是，对于自己获得的成绩过分表达，对于自己生活优于其他人的地方过分炫耀。这样的行为会让其他人反感，自然不利于同事之间的相处。

（十）与同事辩论。与同事辩论，如果你输了，你会心里不舒服，会对同事有意见；如果你赢了，同事会对你有意见。因此，不管哪种结果，都不利于同事间的相处，最好的方式是避免和同事辩论。

（十一）搅和其他同事的事情。这里主要指的是没有经过权衡，把损害单位利益的人告诉你们领导。其实，我们有时都低估了我们

-277-

的领导。我们看到的事情,领导十有八九都知道。只不过领导认为时机不成熟或者对方带给单位的利益远大于他侵吞的利益,因此领导才没有采取措施。利字身边一把刀,遇到这样的情况,我们一定要仔细权衡厉害,否则得不偿失。

(十二)打其他同事的小报告。

(十三)舍本逐末。当我去很多高校给毕业生做讲座时,不管是硕士生、本科生还是专科生,都会问同一个问题:"和同事处理好关系重要还是努力工作重要?"答案是都很重要,但是努力工作更重要一点。因为单位招聘我们进来,是为了把工作做好或者给单位带来利益,而不是为了让我们来交朋友的,希望大家记住这一点。

(十四)经常换工作。现在,很多朋友换工作的频率,超乎了很多人的想象,而且以年轻人居多。频繁换工作,不仅会让自己本身变得浮躁起来,而且还不利于积累工作经验和社会人脉资源。从长远看,必然不利于自己职业生涯的发展。

(十五)外出不告知同事。虽然有时给我们批请假条的是领导,但是我们请假或外出,最好告知我们的同事。因为如果有人找我们,我们的同事也知道该如何答复对方;如果单位下发重要通知,我们也不会错过。此外,告知同事不仅便于工作的开展,而且也会加深和同事的感情,更有利于同事间的相处。

(十六)对着一个同事攻击诋毁另一个同事。

(十七)打探别人隐私。请记住一点,只要涉及同事个人隐私的事情,我们需要收起自己的好奇心,不要主动去打听,除非对方主动告诉你。否则我们会被同事反感,也不利于我们和同事相处。

(十八)不再关注没有参加的集体活动。很多的朋友,有时因为确实有事，有时是内心不想参加，导致自己拒绝了同事组织的集体活动。

大多数人第二天都不会再提及，长此以往，必然不利于和同事们相处。其实我们只要在第二天问候一句话就可以了。比如，昨天喝得怎么样？或者说，昨天玩的怎么样？

（十九）和前辈或老同事耍心眼。记住两句话：姜是老的辣，冤家宜解不宜结。因此，遇到强势、故意刁难或有心机的老同事时，不要自己耍小聪明，而是要按照我们讲过的技巧来解决。

（二十）交浅言深。

向领导汇报工作需要注意的问题

本章工作汇报的技巧，整体上是按照"是什么""为什么"以及"怎么做"的基本思路来进行讲解。

"是什么"指在高情商说话技巧中，工作汇报的定义。"为什么"主要指工作汇报的益处。"怎么做"，主要讲如何做好工作汇报，也就是工作汇报的技巧以及注意事项。

工作汇报的定义：工作汇报是指下级向上级做的阶段性工作的总结、请示以及计划等。按照高情商说话的定义进行延伸，工作汇报主要有两种形式，一种是口头汇报，一种是书面汇报。口头汇报又分两种，一种是电话等通讯形式的汇报；一种是面对面的汇报。我们本期的重点在口头汇报上面。

那么工作汇报有什么益处呢?

对于上司来说,可以掌握下属现阶段的工作情况,便于全面把控。此外,领导对于下属也会有更深刻的认识,便于后期委以重任。

下面,我再补充一个职场潜规则:

一个上司判断下属是否忠诚于自己的一个很大的标准就是是否经常向他请示汇报工作。当然这里的请示汇报工作,不是瞎汇报,而是有技巧的汇报。

对于汇报者来说,工作汇报可以更好地锻炼我们的逻辑思维能力和语言表达能力,可以更好地梳理和计划现在和后期的工作,向上司更好地展现自己,让上司对自己更加了解。此外,如果遇到难处理的问题,也可以快速从上司那里获得更有效的解决方案,不仅可以提高自己的工作效率,而且还可以避免犯错。

现实生活中,很多的朋友认为自己资历老,或者能力强,而不愿去和上司进行沟通以及做工作汇报。结果这类人,往往一辈子都处在基层岗位上,很难有所作为!因此,有类似心态的朋友,必须立刻改掉。只有获得上司的支持,你才可以创造更大的业绩,才可以获得更好的机会发展、提升自己。

下面,我们讲"怎么做",也就是工作汇报的基本技巧、升华技巧以及注意事项。

一、基本技巧

(一)理清思路,借助提纲。

1. 理清思路。现实生活中,很多朋友在工作汇报时,毫无章法。一个比较关键的原因是整体的思路没有理清楚。那么工作汇报需要首先理清哪些思路呢?

我把需要理清的思路概括为6H,具体指:who,what,how,where,when,why。

who 指汇报给谁。

what 指的是汇报的内容。主要包括汇报的重点以及内容如何排列。

wow 指的是汇报的形式,口头汇报还是书面汇报。

where 指的是汇报的地点,也就是什么地方适合做汇报。

when 指的是在什么时间汇报合适,主要有两个大的方面,一个是具体的时间选择,一个是工作节点的选择。具体的内容,后面也会有详细的讲解。

why 指的是领导为什么可以接受你的汇报,实现你的目的。

工作汇报的思路清晰与否很大程度上决定了你汇报结果的好坏。

2.借助提纲。借助提纲,主要指的是汇报的内容。对于简单的问题,我们可以把要汇报的内容简单地按照顺序列个提纲,以免汇报时出现遗漏。如果汇报的内容比较多,可以简单地把提纲写在笔记本上,然后带着笔记本去给上司做汇报。

当我们带笔记本的时候,一定要带笔,方便我们记录上司的建议。汇报工作时,我的建议是不管汇报什么内容,都可以带笔记本和笔,这样不仅方便记录提纲,而且还可以随时记录上司的意见,便于后期工作的开展,此外还可以给上司留下一个认真的好印象。

(二)明确目的,有所侧重,言语精炼,实事求是。

1.明确目的。从汇报工作的行为上划分,又分为两种:

(1)主动汇报。主动汇报的目的很简单,为了寻求上司帮助,或者为了获得上司的认可。

（2）被动汇报。往往有难度的是被动地汇报工作，比如上司突然让你下午去汇报工作等。一般出现被动汇报工作的情况，需要考虑好以下三个问题，即可确定出汇报工作的目的：

①上司为什么要听你汇报工作？宏观上考虑此次汇报是否符合单位的日常规定，或者单位的大环境有没有重大的变化，例如人事变动；微观上考虑自己前段时间的工作有没有出现纰漏。

②在当前的环境下，上司希望听到什么？

③此次汇报是否符合上司的日常行为习惯？

2. 有所侧重。我们汇报工作时千万不要想面面俱到、不分主次、眉毛胡子一把抓，而是要有所侧重。侧重事情的数量，建议不要超过三个，否则会让上司感觉抓不到重点，不利于汇报工作理想效果的出现，而且会让上司感觉你能力不行。

那么汇报工作的重点是什么呢？假如你是主动地汇报工作，目的是做工作的总结，那么你的成绩就是汇报工作的重点。如果你的目的是请示决策或解决问题，那么你的解决方案就是重点。如果你是被动地汇报工作，那么弄清楚上司让你汇报的用意，然后满足上司的要求，就是重点。

3. 言语精炼。言语精炼不仅可以让上司感觉你思维逻辑清楚，而且还会让上司认为你做事干练，工作注重效率，便于给自己加分。

言语精炼有两个切入点：

（1）汇报内容的精简。汇报的内容中，一些无关紧要、可有可无的事情可以直接去掉。

（2）具体言语的精简。具体言语的精简就是把一些不必要的词、句子甚至段落，直接删除。

如果是口头汇报，你可以先打个腹稿，把汇报的内容自己大致地默念一遍，把不需要说的内容省略掉，然后再把关键的部分列成提纲写在笔记本上。

如果是书面汇报，建议至少看三遍，把所有没必要的词语、句子甚至段落都直接删除。

4. 实事求是。这点比较好理解，和上司汇报工作，虽然有时我们可以对自己的工作业绩稍加润色，但是一定要建立在事实的基础之上，而不能胡编乱造，否则最终的结果必然是害人害己。

（三）学会提出方案，进行汇报。很多人都会忽略这一点，在汇报工作时，把上下级的关系颠倒了，把汇报工作改成了向上司讨教工作。比如，经理，你认为这件事情怎么处理更好？

试想，如果你是上司，你的下属整天问你应该怎么办，你会怎么想？我们需要清楚一点，上司需要的是帮他解决问题的人，而不是给他添麻烦的人。

那么怎么做才正确呢？

我们应该根据目前出现的问题，做出自己的判断，列出两个或两个以上的解决方案供上司参考，让上司可以在最短的时间内做出正确的决策。

其实，也可以这么理解，我们需要充分做好前期的工作，提出自己的解决方案，让上司做选择题，而不是问答题。

例如：

经理，根据目前的情况，我这里有两个解决方案，A方案是什么，它的优点是什么，缺点是什么；B方案是什么，它的优点是什么,缺点是什么。

对方案的选择,你内心要有自己侧重的方案。因为大部分的上司会问,你倾向于哪一种方案?这个时候,你就需要把你倾向方案的选择理由准备好,然后告诉上司。我们千万不要回答:"都可以。"这样会让上司感觉你没主见,也没有进行深入的思考。

(四)掌握好工作汇报的节点。一共分为三个节点:工作之前汇报、工作中间汇报、工作结束时的汇报。

1. 工作之前汇报。这个节点,主要指的是工作计划。工作计划决定了你下一步的工作开展,如果出现问题,必然会得不偿失。工作计划做完,进行工作汇报,不仅可以让上司更好地把控全局,还可以针对你工作计划的不足给出合理建议,以免你后面出错。

2. 工作中间汇报。工作中间汇报有三个切入点:

(1)工作出现意外情况时,及时汇报。这个比较简单,上司作为全局的掌控者,针对出现的意外情况,可以更好地调整下一步的部署。此外,有的上司具有丰富的经验,而且他们本身也掌握着比我们更多的资源,可以更快更好地解决问题。当然,我们汇报时,需要以最快的时间给上司提出应对意外情况的两个解决方案,供上司选择。

(2)超过自己的权限时,及时汇报。现实生活中,很多的朋友认为事情只要做好了,哪怕做了超出自己权限的事情,也无所谓。有这种想法是非常危险的,我们很容易被上司边缘化。超过自己的权限时,我们和上司汇报,不仅可以让上司感觉自己被尊重了,而且我们还可以在出现问题时,更好地保护自己。

(3)出现错误时,及时汇报。现实中,很多的朋友在工作中出现了错误时，感觉自己不好意思和上司汇报，想蒙混过关或者想通过自己的努力先去弥补，然后再去找上司汇报。其实这是错误的，由于我们汇报不及时，错误很可能会进一步恶化。

此外，领导还会认为我们在故意隐瞒，对我们的信任度也会大大降低。因此工作过程中，出现错误要及时汇报。汇报的时候，我们一定要先承认错误，然后深刻地自我检讨，不要给自己找借口，也不要逃避责任，并承诺以后不会再犯。

3.工作结束时的汇报。这个汇报的主要内容包括所做工作的收获和经验教训、工作中遇到的新问题以及解决方案等。

例如：

我们单位的薛主任向我做的一个工作汇报。我简单把提纲给大家列一下：(1) 王老师安排的工作的完成概况。(2) 工作开展过程中的主要成就和经验。(3) 工作中的不足和教训。(4) 工作开展过程中遇到的新问题。(5) 问题解决的对应方案。

（五）注意汇报时机。关于汇报的时机，我总结了两个衡量标准：心情好和比较闲。

你如果选择了合适的时机，那么你的工作汇报必然会得到想要的结果。如果你选择了错误的时机，哪怕你的工作汇报内容本身很好，也很难得到你想要的结果。因此汇报的时机至关重要。

我们都知道每个人的心情确实会呈现周期化的波动，这个就好比是女士的生理期。因此只要你用心，你会很容易地画出你上司一个月的心情曲线图。那么你在汇报工作时，可以巧妙地避开上司心情不好的时间段。

你也可以根据你的观察或是其他人的反应，得出上司目前是否心情愉悦。如果你得知上司心情不好，一定要避开。否则即使你汇报了也得不到好的结果，除非你汇报的是绝佳的好消息。

经过我的总结和观察，工作汇报最好的时间是周二、周四和周五。因为周一的事情会非常多，上司往往会心烦气躁，因此不适合工作汇报。周三处于一周的中间，是前后工作衔接的关键一天，而且也是上司针对很多事情作进一步决定的一天，上司在这一天往往也会非常忙碌。因此，周一和周三不适合给上司做工作汇报。

在周二、周四和周五这三天中，周四和周五进行工作汇报会更有效果。因为到了周四、周五，人的精力下降了，而且马上要到周末了，会变得相对容易通融。

那么周二、周四以及周五的什么时间去汇报更好呢？

最好的时间是上午的10点到10点半之间，因为上午是一个人情绪相对稳定、心情相对较好的时间。此外，经过早上的忙碌，紧急的事情已经处理结束，此时绝大多数的领导都处于放松的时刻，这个时候去汇报工作，得到的效果往往会很好。

重点强调一点，切记不要在临下班的时候去向上司汇报工作，因为有时会打乱上司的私人时间安排，让上司对你厌烦。

（六）学会10:3:1比例式汇报。比如你计划的完整汇报有10分钟。如果你去汇报时，上司刚好有事。只给你3分钟时间，你该怎么办？如果上司只给你1分钟时间，你又该怎么汇报？其实这就是10:3:1比例式汇报的核心。

当你做完整个汇报的时候，你再依据完整汇报的时间，按照10:3:1的比例，对于已经做完的汇报进行瘦身。当你给上司汇报时，可以根据上司当时的情况，选择最合适的内容量做汇报，争取实现最佳的效果。

（七）提前推演上司可能会问到的问题。很多朋友都会忽略这一点。常言道，有备无患。我们在做完工作汇报后，可以换位思考，如果你是上司，你听完后会有什么疑问。然后，我们再根据这些疑问，自己提前把功课做足。此外，领导有时也会询问你部门的其他事情，因此你也需要提前做好准备。

二、升华技巧

（一）工作汇报时合适地表达自身的缺点。这里的合适有两层意思：

1. 表达自身的缺点不能过多。

2. 建议平均每做三次汇报，有一次汇报需要呈现自身缺点。

为什么需要呈现自身缺点？因为这样的汇报不仅会让自己本身显得更立体，而且让工作汇报显得更加全面，实现工作汇报效果的最大化。

这种汇报还会让上司在潜意识里慢慢地把你当成心腹。随着时间的推移，我们会获得更大的发展！

（二）熟练使用NPP原则。NPP是三个英文单词首字母的缩写。这三个英文单词，代表着汇报内容的三个部分。

N代表的英文单词是now，指的是你现在正在做的事的客观描述。

P代表的是英文单词problem，指的是现在做的工作出现的问题以及原因。

P代表的是英文单词plan，指的是计划解决问题的方案。

关于方案,我们在基本技巧中讲过了,我们需要至少提供两种方案让上司选择。

(三)学会提炼可行性结论。上司有时会安排我们去查看或观察某些事情。很多时候,我们都是充当了上司的眼睛,把看到的简单现象直接汇报给上司,其实这是不正确的。我们不仅要直观地观察表面现象,而且最好要通过表面的现象得出深层次或进一步的结论,这样不仅有利于提高自己的思维能力和格局意识,而且还可以获得领导的进一步认可和欣赏。

和大家分享一个在我们单位发生的真实案例。由于其中一个老师已经离职,为了保护其个人隐私,我用A老师来代替。

2015年的时候,我安排陈老师和A老师,向我汇报下这3个月以来的线下特训营报名情况。A老师仅仅告诉我了报名的人数,然后没有其他任何信息。

而陈老师不仅把报名的人数告诉了我,还把报名学员的报名途径告诉了我:"有一大半都是通过朋友介绍来的,建议进一步加大宣传,因为仅仅通过口碑不利于迅速扩大。"

此外,她还把这三个月以来咨询的电话做了个数据分析:"有很多朋友咨询的是青少年的口才培训,但是由于我们目前只针对成年人,所以很多人表示遗憾。"

最后,陈老师还把目前国内青少年口才培训的现状以及问题做了一个简单的汇报,而且还做了合理的提议。

从我让他们开始准备,到向我汇报的时间仅有一个小时。如果你是我,在你心里,这两个员工哪一个可以委以重任呢?

(四)学会区分上司的接收类型。领导的接收类型大致可以分为两种：

1. 直接型。绝大多数人都是倾向于直接型，面对直接型的上司，我们采用口头汇报即可。

2. 间接型。当我们面对间接型上司时，我们采用口头汇报的效果就非常差。这个时候，我们需要采取书面的汇报方式。

那么如何区分间接型和直接型上司呢？

如果一个上司连续三次让你书面汇报事情，或者即使有时你口头汇报了工作，但是他依然让你给他提供相应的资料以及数据，那么这个领导就是属于间接型上司，建议下次汇报工作时，直接采取书面汇报。

（五）先结果后过程。有时上司会安排我们做一些相对简单的事情，汇报类似事情时，一定记得先说结果，如果上司需要过程，你再去汇报。千万不要认为如果自己不说过程，就感觉自己做的事情没有很好地在上司面前展示出来。这种思想是非常错误的，一定要注意改正。

如果领导不想知道过程，你却啰哩啰嗦地在详述，那么领导就会认为你做事抓不住重点，工作能力不行，而且办事效率低下，这样对我们的职场发展是非常不利的。

三、注意事项

（一）通过会议汇报解决问题的可能性很小。如果你汇报工作的目的是解决问题，那么建议你在会议汇报之前事先和相关的领导汇报。

我们在得到上司的认可和同意后，再进行会议汇报。

很多的会议汇报其实就是走个形式，目的是通过会议汇报的形式，让我们的汇报获得一种官方通过的效果而已。

（二）适可而止地宣扬自己的成绩。

1. 适当表达。做好了工作，有了成绩，我们必须要让人知道，尤其是自己的上司，因此要在工作汇报中体现出来。否则，我们哪怕做得再多，都会变成无名英雄，从长远看，不利于自己的升职加薪。

2. 害人之心不可有，防人之心不可无。面对自己周围的同事时，我们只要点到为止，让他们知道就可以了，不要吹嘘自己的成绩，否则有可能会引起对方的反感和厌恶。

（三）注重平常工作的积累。工作汇报在某种程度上属于阶段性的总结，既然是总结那么必然需要很多的材料。因此，我们要学会在日常工作中及时做好记录，养成写工作日志的习惯，把自己的心得和经验都做好记录。

短期内，我们这样做不仅有利于自己做工作汇报，而且有利于自己职场能力的提升；长期来看，我们这样做，等后期时机成熟，还可以出书，让自己的成长心得帮助更多的人。

（四）做总结评论时，一定要用词客观，不要带有主观感情色彩。否则会让上司感觉你工作汇报比较片面，不利于汇报结果的实现。

此外，我们能用数据说明的问题，一定要注意把数据表达出来。这样可以迅速提高你工作汇报的含金量，可以实现汇报结果的最优化。

（五）不要迎难而上。

如果你要汇报工作时，发现上司刚刚否定了其他部门的提议，而你工作汇报中也有类似的提议，那么就需要把汇报中类似的提议直接划掉了。

即使上司想通过你的提议，但是刚刚否定了其他部门类似的提议，于情于理也不会通过你的提议。此外，你的这个做法有可能还会让上司更生气，对你造成不好的影响。

（六）要学会充分地利用日常性工作汇报的书面汇报。有的单位都有这个惯例，下班前在工作群中做简单的汇报。

这种汇报，我们单位就一直在做。因为我平常去单位的时间不多，为了便于我了解单位的情况，我们单位就要求每一位老师在下班之前都要在工作群中做汇报。目的有两个：

1. 让大家梳理一下今天做的工作，为明天的工作做好计划。

2. 把明天需要其他部门和同事配合的工作，通过这种方式展示出来，实现快速地对接，提高工作效率。

如果你的单位也有类似的汇报，一定要记着把你明天需要其他同事或其他部门配合的事情都写在工作汇报上面。这样不仅便于你提高第二天的工作效率，还可以让上司对你印象深刻，认为你工作认真、负责、有效率。

（七）传达性工作汇报一定要做到汇报信息的全面和客观。传达性工作汇报，一般是你替上司参加了相关的会议，会议结束，你主动找上司汇报所听到的内容。类似的汇报，一定要把信息汇报全面，你不要认为有些信息不重要就不向上司汇报，这是非常错误的。我们单位的某个老师以前也出现过类似的错误，让我显得很被动！

这种汇报，上司最希望听到的是原汁原味、客观的内容，而不是带有主观感情色彩的内容。

（八）汇报工作避开不合适的时间。我们已经讲了汇报工作最合适的时间是每周的周二、周四和周五的上午10点到10点30分。那么最不适合给上司汇报工作的时间主要有哪些呢？

比如，临下班之前。因为上司可能有事要处理，你的工作汇报会耽误上司的事情。再比如，上司要外出之时。上司可能有急事需要外出，根本不可能听你的汇报。即使给你时间，上司也不会耐心听完，因此汇报的效果就大打折扣。再比如，在路上、在饭桌上、在对方家中汇报工作都不适合。当然如果你和上司的关系非常亲密，那么在上司家中汇报工作也是没有问题的。

此外，向上司汇报工作，要尽量避免在公开场合与上司长时间的耳语汇报。

（九）学会给工作汇报画龙点睛。现实生活中，很多的朋友在工作汇报结束后，不懂得进一步加强和上司的联系，直接结束告退，实在是非常可惜。聪明的做法应该是在工作汇报结束后，主动请上司对你的工作给予点评和指导。

为什么呢？

因为在职场中，只有上司认可你了，想去提携帮助你了，才会去和你讲很多道理。因此，为了我们个人职场生涯发展的最优化，我们需要上司成为自己的职场导师。有一个事实是，只要我们做完工作汇报，上司必然会有一个对我们的大致评判。如果可以让上司把他内心真实的评判告诉我们，那么我们后期必然会少走很多弯路。

此外，上司经过一次又一次的评判，不仅把他们独有的智慧和经验传授给我们，而且还会让上司把我们当成他自己的心腹，这样对于我们后期的职场提升是非常有帮助的。

（十）学会礼貌地汇报工作。关于礼貌地汇报工作，我重点强调一下敲门的注意事项。现实生活中，很多朋友都会忽视这个点，往往把敲门当成了一种形式，敲完之后就直接推门而入了。其实这是非常不正确的，这样很有可能会打断上司的思绪。

例如：

有时我会在办公室帮别人改剧本，如果我正好在思考时，有人突然闯入，我的思路往往会被打乱。后期我想再去重新整理思路，发现根本想不起来。因此，现在我们单位的老师有事去找我都自觉提前预约。敲门后，我不说请进，他们也不会进入我的办公室。

敲完门之后，直接推门而入，还有可能会让自己和上司难看和尴尬，自然也会让接下来的工作汇报效果受到影响。有的上司会有一些小爱好，比如在办公室喜欢光着脚。假如你敲门后，没有经过允许直接看到了领导的这一面，你进也不是退也不是，这样不就是自己让自己难堪吗？因此，我们在敲门后，一定要等上司同意后再进入办公室。

此外，如何敲门也是一门学问。错误的敲门方式，我就不列举了。我把正确的敲门方式总结为一顿二连。也就是说，敲一次门总共敲三下，敲完第一下要稍作停顿，然后再连续敲两下。